COCINA ASIÁTICA

japonesa – coreana – tailandesa – vietnamita

itsu

KIKKOMAN

COCINA ASIÁTICA

100 recetas itsu bajas en calorías para una vida sana y feliz

itsu

Julian Metcalfe y Blanche Vaughan

Asesora nutricional: Angela Dowden

OMEGA

La edición original de esta obra ha sido publicada en inglés, por Mitchell Beazley, una división de Octopus Publishing Group (Hachette) con el título

Itsu the cookbook.

Traducción: Gemma Fors

Plató, 26 – 08006 Barcelona
www.ediciones-omega.es

Este libro ha sido editado
y maquetado en España.

ISBN: 978-84-282-1633-3

Editora: Alison Starling
Director artístico: Jonathan Christie
Directora artística adjunta: Yasia Williams-Leedham
Editora senior: Leanne Bryan
Diseño: Jaz Bahra
Ilustraciones: Abigail Read
Directora adjunta de producción: Caroline Alberti

Edición: Trish Burgess
Revisión: Jane Bamforth
Indexación: Isobel McLean
Fotografía: Anders Schønnemann
Estilista culinara: Annie Rigg
Asesora nutricional: Angela Dowden
Atrezo: Tabitha Hawkins y Jessica Georgiades

Notas:

A menos que se indique lo contrario, en las recetas:

- Todos los cálculos de calorías y los valores de contenido en grasas son por ración.
- Todas las cucharadas se entienden enrasadas.
- Los huevos se consideran de tamaño medio.
- Muchas de las verduras deberían ser peladas antes de ser consumidas.
- Todas las hierbas y las hojas deberían ser lavadas y a veces recortadas.
- Los chiles y las guindillas pueden ser usadas con o sin semillas, en función de lo picante que le guste la comida. Las semillas aumentan el efecto picante.
- Los manojos o ramilletes de hierbas estándar son de 20 g, los pequeños de 10 g y los grandes de 30 g.

Este libro contiene platos elaborados con huevos crudos o muy poco cocidos. Para las personas de riesgo que son más vulnerables, como mujeres embarazadas o en plena lactancia, personas con el sistema inmunológico debilitado, ancianos, bebés y niños pequeños, se aconseja evitar el consumo de dichos platos.

índice

Introducción

Al igual que sucedió con itsu, la gestación de este libro se ha prolongado durante años. Confiamos en que le ayude a inspirarse y a la vez le resulte práctico.

Los pioneros de Pret a Manger son la fuerza creativa que empuja el concepto itsu. Abrimos el primer restaurante, que sería galardonado, en Brompton Cross, en el barrio londinense de Chelsea, en 1997. Tras años de escuchar a los clientes nos animamos a crear un nuevo concepto de restauración que ofreciera platos simples pero deliciosos.

Con el tiempo, con indecible trabajo y pasión, nos transformamos en un bullicioso, rapidísimo restaurante de comida para llevar con miles de fieles clientes con criterio. Hemos conseguido abrir más de 50 nuevos establecimientos itsu en Londres, muchos de ellos con espacios generosamente preparados para comer allí mismo.

Seguimos gestionando con orgullo nuestros restaurantes con cinta transportadora de platos, que ahora llamamos itsu [dining] para distinguirlos de las tiendas.

Casi accidentalmente, nos hemos convertido en el primer restaurante mundial EAT BEAUTIFUL (comida «bella») de comida rápida de calidad y sana... ligera, natural y saludable. Al parecer, el secreto de la arrebatadora música de Pink Floyd radica tanto en lo que descarta como en lo que contiene, un poco como los platos itsu: menos grasa, más agilidad.

itsu rinde homenaje a las destacables cocinas japonesa, coreana, vietnamita y tailandesa —de restaurante, de puesto ambulante, de chef, casera— y muchas de las recetas que servimos en nuestras tiendas y restaurantes aparecen en este, nuestro primer libro de cocina. Las recetas son ligeras —todas con menos de 300 calorías por ración— y rebosan de cualidades nutricionales.

Muchas gracias a todos nuestros clientes, a nuestros directivos que han sabido inspirarnos y a nuestra fantástica plantilla por haber hecho istu posible.

Mi infinito agradecimiento a Blanche Vaughan, Celeste Tobias-Metcalfe, Pippi Brereton, William Da Silva, Tania Betley y Nicola Formby por hacer este libro realidad.

Fundador de itsu, cofundador de Pret a Manger

itsu orchids are fresh & beautiful
(a bit like our food...)
White orchids, in particular,
signify luxury & love.
The word orchid comes from
the Greek 'orkhis' meaning testicle..
on account of the shape of
its tuberous roots.

Comer según la filosofía itsu

Si le importa su cuerpo, le importará lo que come. En itsu sabemos que la comida sabrosa puede ser también saludable, y las deliciosas recetas del presente libro son testimonio de ello.

Nuestra fórmula es bien sencilla: saludable + delicioso = itsu. Elegimos ingredientes crudos sin procesar, ricos en sabor y bajos en grasas saturadas y calorías de forma natural (en lugar de serlo tras haberlos manipulado), los cocinamos de forma simple y rápida, y los servimos recién hechos.

La buena noticia es que, aunque uno no coma a diario según la filosofía itsu, es posible adoptar los principios de la misma e introducir cambios significativos para la salud mientras se mantienen las papilas gustativas felices. He aquí cómo incorporar hábitos de alimentación sana...

Apúntese a la influencia asiática

La dieta japonesa contiene mucho pescado azul, cardiosaludable, muchos alimentos elaborados con soja, ricos en proteínas e isoflavonas (algunos investigadores creen que las isoflavonas equilibran las hormonas femeninas) y unas cuantas algas marinas repletas de yodo que fomentan una tasa metabólica sana. De modo que, tanto si cambia una hamburguesa por un filete de salmón, como si se sirve una ración de *sushi* envuelto en alga *nori* para almorzar, o añade unas vainas de soja a la ensalada, son muchas las maneras de incorporar un toque asiático a la dieta.

Otro hábito japonés que vale la pena incorporar es el *hara hachi bu*, que significa «estómago lleno al 80 por ciento». La idea consiste en dejar de comer antes de sentir que uno va a estallar, algo que beneficiará su cintura y su bienestar general.

Tome grasas buenas

Una ingesta saludable de grasas no significa privarse de todos los alimentos que las contienen, pero sí significa moderar la cantidad que se consume y elegir los tipos de grasa saludables cuando se decide tomarlas. Es decir, mientras que se reduce el consumo de mantequilla, nata y carne roja, se puede disfrutar en cantidades adecuadas de frutos secos y semillas, aliños a base de aceite, aguacates y pescado azul. Al hacerlo, se disminuye el consumo de grasa saturada, que contribuye a la obturación de las arterias, mientras que se ingiere la cantidad necesaria de grasa activamente beneficiosa para el corazón. Las plantas y aceites marinos también proporcionan los ácidos grasos esenciales que favorecen la comunicación neuronal y mantienen la piel sana, de forma que ganará en belleza interior y exterior.

Consuma hidratos de carbono con moderación

Cuando se trata de carbohidratos, es mejor no convertirlos en el elemento central de cada comida (aunque el gobierno británico, por ejemplo, aconseja lo contrario, algo que muchos consideran anticuado). Pero también es bueno no verlos con fobia (como el enfoque caduco de la dieta Atkins). En lugar de ello, y en sintonía con la filosofía itsu, lo ideal sería no tomar más que un puñado de hidratos de carbono nutritivos, como fideos, legumbres, pan de pita, pasta integral y arroz integral. Así, y evitando alimentos con un índice glucémico elevado, como los azúcares y almidones refinados, que proporcionan un aumento inmediato de energía seguido de un descenso igualmente repentino, se evita inundar constantemente el organismo de glucosa

itsu water

itsu

seaweed thins
itsu crispy seaweed thins
itsu crispy seaweed thins
itsu

itsu

e insulina. ¿Con qué resultado? La disminución del riesgo de diabetes y enfermedades cardíacas, y un control más fácil del peso.

Opte por alimentos saciantes

Gestionar el peso se consigue al obtener la sensación de saciedad con menos calorías y al desencadenar las señales de saciedad del cuerpo, que es exactamente lo que se consigue con las recetas de este libro. El secreto reside en parte en ingerir montones de hortalizas crujientes y deliciosas, ensaladas y legumbres que puntúan poco en la escala de densidad energética (una manera sofisticada de decir que llenan el estómago pero aportan pocas calorías). El resto del secreto consiste en tomar una buena ración de proteína, en forma de pollo, langostinos, huevos o vainas de soja, que solemos estar de acuerdo en que es lo que convierte un tentempié que no acaba de llenar en una comida completa. La razón es que se ha probado científicamente que la proteína es el nutriente más saciante. Es la excusa perfecta para llevarse a la boca algunos de nuestros alimentos preferidos.

Coma un arco iris de alimentos

Las frutas y hortalizas de vivos colores son fuentes de antioxidantes especialmente importantes, capaces de limpiar el organismo de los nocivos radicales libres. Los bellos tonos anaranjados, rojos y morados son tan atractivos —uno de los motivos por los que muchos platos itsu resultan tan atractivos— que le animarán con solo mirarlos. En resumen, no tome solo hojas verdes: vaya a por todos los colores del arco iris.

Espolvoree unas beneficiosas semillas

Observará que muchas recetas itsu incluyen un toque final en forma de semillas supersanas. Esto se debe a que no solo aportan una textura crujiente sino que además, desde el punto de vista nutricional, valen su peso en oro. Por norma, las semillas compensan la deficiencia de valiosos minerales que a veces son difíciles de obtener en cantidades suficientes de otras fuentes. Una cucharada de semillas de sésamo de la despensa itsu proporciona alrededor de una décima parte de la cantidad diaria recomendada de magnesio, mientras que una cucharada de semillas de calabaza aporta una cantidad similar de la CDR de cinc. Otros complementos fenomenales para ensaladas y sopas capaces de aumentar sin esfuerzo su valor nutricional son las nueces de Brasil troceadas (ricas en selenio y magnesio), los piñones (ricos en cinc) y las semillas de cáñamo (cargadas de magnesio y hierro).

Y algún capricho...

Por último, pero no menos importante, la filosofía itsu permite algunos caprichos. Un poco de lo que le apetece a uno es beneficioso. El uso de mejores ingredientes con sabores más intensos es la clave para hacerlo bien. Por ejemplo, un chocolate de calidad (con un 70 por ciento de sólidos de cacao, en lugar de un chocolate con leche ordinario con un 20 por ciento) ofrece más satisfacción, por lo que se come menos cantidad sin perder nada de placer. Saboree cada bocado y recuerde que poco puede ser mejor.

Nuestras recetas

Si ha disfrutado comiendo en itsu, este libro le ofrece ahora 100 maneras de recrear esta experiencia en casa. Todas las recetas que contiene —muchas clásicas de itsu— aportan menos de 300 calorías por ración, y la gran mayoría son bajas en grasas saturadas. Tanto si pretende sentirse con más energía, perder unos kilos (las recetas encajan bien en la dieta 5:2 de ayuno intermitente), como si solo quiere sentirse mejor y más ligero, comer bien nunca ha sido tan fácil y sabroso.

Glosario de términos e ingredientes

Aceite: el más empleado en la cocina japonesa es el de salvado de arroz, pero es difícil encontrarlo, y puede sustituirse por los de cacahuete, girasol o colza. El aceite de oliva ligero o un aceite vegetal suelen usarse para los aliños, pero también se pueden utilizar el de sésamo, colza, semilla de uva o cáñamo. Emplear diversidad de aceites significa obtener un buen equilibrio de grasas saludables y antioxidantes, como la vitamina E.

Aceite de sésamo: existen dos tipos: tostado y sin tostar. El segundo posee un sabor delicado; se usa para freír pero se quema con facilidad, por lo que hay que vigilar. El tostado es más fuerte y se usa para condimentar o aliñar para no estropear su distintivo sabor a nuez. También puede echarse sobre un plato para darle un toque final.

Albahaca japonesa: es una planta verde o morada, también denominada perilla, miembro de la familia de la menta. Tiene diversos usos y es uno de los ingredientes del *furikake*.

Algas: *véase* Kombu y *Nori*.

Alternativas al azúcar: agave, azúcar de coco, azúcar de fruta, estevia y xilitol son buenas alternativas al azúcar blanco glas o granulado. Las alternativas en forma de azúcar integral incluyen el sirope de arroz integral, el azúcar de dátil, la miel, el jarabe de arce o el azúcar de palma.

Arroz: *véase* Arroz para *sushi*.

Arroz japonés: *véase* Arroz para *sushi*.

Arroz para *sushi*: arroz de grano corto, también conocido como arroz japonés, utilizado para elaborar *sushi*. Al cocinarlo, es más pegajoso y blando que el de grano largo, y puede dársele forma y la mantiene bien. El arroz integral para *sushi* es una buena alternativa a la variedad blanca porque contiene más nutrientes. El arroz es un cereal sin gluten, contiene hidratos de carbono complejos que aportan energía y prácticamente nada de grasa.

***Dashi*:** es un caldo japonés elaborado con *kombu* y virutas de bonito remojadas en agua hirviendo. El *dashi* tiene un papel fundamental en la cocina japonesa ya que se emplea para diversidad de platos, incluidas sopas, salsas y mezclas para tortillas. Se puede preparar en casa (véase p. 165) o comprar la versión instantánea en bolsitas.

***Edamame*:** brotes tiernos de soja con o sin vaina. Se encuentran frescos o congelados en grandes supermercados. Ricas en proteína, estas leguminosas ayudan a regular el nivel de colesterol.

Fideos: *véase* Fideos de arroz, Fideos *soba* y Fideos *udon*.

Fideos de arroz: estos fideos secos son translúcidos y parecen de plástico. Están disponibles en diferentes grosores; en nuestras recetas usamos los finos (parecidos a la pasta de cabello de ángel) o los planos (parecidos a los tallarines).

Fideos *soba*: a menudo elaborados con una mezcla de harina de trigo y alforfón, estos fideos también pueden ser 100 por cien de alforfón, por tanto, sin gluten. Se compran secos y son delgados, como los espaguetis, y se cuecen del mismo modo: unos minutos en agua hirviendo. Pueden tomarse calientes con caldo, o fríos en ensalada. Los fideos, tanto *udon* como *soba*, pero especialmente los de alforfón, tienen un bajo índice glucémico, lo cual significa que liberan energía lentamente y de manera estable: mucho mejor que las subidas rápidas de azúcar.

Fideos *udon*: fideos gruesos de trigo, a menudo servidos con caldo. Se pueden comprar secos o listos para comer (instantáneos).

***Furikake*:** es un condimento japonés elaborado con semillas de sésamo blanco y negro, alga nori molida y hojas de *shiso* rojo secas. Es delicioso en cualquier plato, de arroz a pescados o ensaladas.

Habas de soja: *véase Edamame*.

Índice glucémico: mide la rapidez con que los alimentos que contienen hidratos de carbono aumentan los niveles de azúcar en sangre. Los alimentos con un índice glucémico alto enseguida se descomponen y se asimilan, y provocan un rápido incremento del azúcar en sangre que puede ir seguido de un rápido descenso; los alimentos con un índice menor suelen considerarse más saludables porque aportan niveles de azúcar y energía más estables y mantienen la sensación de saciedad más tiempo.

Jengibre: esta raíz (fresca o encurtida), de sabor reconfortante se usa tradicionalmente para mejorar la circulación, en beneficio de las articulaciones y para facilitar la digestión. En Japón, se toma jengibre encurtido entre bocados de *sushi* para limpiar el paladar. El encurtido se halla en muchos supermercados;

son buenas marcas Clearspring y Yutaka.

***Kombu*:** alga seca y de color verde oscuro que puede rehidratarse antes de su consumo. Es buena fuente de minerales, especialmente yodo, y aporta sabor *umami* a sopas y caldos.

***Maki*:** *sushi* enrollado (*véanse* pp. 54-61).

***Matcha*:** polvo elaborado con hojas de té verde molidas; se emplea para ceremonias del té o para hacer *mochi* (dulce de arroz glutinoso) y helado de té verde.

***Mirin*:** vino dulce de arroz de poca graduación (entre 8-10 por ciento) utilizado para cocinar. Es pálido, de textura algo almibarada.

Miso: pasta elaborada con habas de soja fermentadas, que se usa para todo, desde sopas hasta aliños o adobos, pasando por salsas o incluso budines. Existen muchos tipos de miso: el blanco (*shiro miso*) es el más utilizado y presenta un sabor suave y dulce; el rojo o negro (*aka miso*) es más consistente y salado; el miso preparado con arroz integral (*genmai miso*) es de reciente desarrollo, y vale la pena probarlo.

***Nori*:** láminas de alga marina utilizadas para envolver el *maki sushi* (*véanse* pp. 54-61). Es muy nutritiva, rica en proteínas, vitaminas y minerales, incluido el yodo. El alga nori es también deliciosa rasgada o desmigada sobre un plato como condimento. También se puede triturar y mezclarla con semillas de sésamo para hacer *furikake* casero.

Pescado calidad *sushi*: se refiere simplemente al marisco muy fresco procedente de fuentes seguras y fiables. El atún para *sushi*, por ejemplo, con frecuencia ha sido congelado en un abatidor de temperatura 30 minutos en el lugar de origen para destruir posibles bacterias o parásitos. Siempre es aconsejable acudir a un pescadero de confianza si se desea encontrar pescado realmente fresco para hacer *sushi*. En los supermercados ahora disponen de pescado de excelente calidad, pero es posible que no sea de «calidad *sushi*» porque este término es más bien una descripción general, no una definición precisa. En itsu, nos importa la sostenibilidad, y todo nuestro atún se apoya en la base de datos FishSource de la Asociación de Pesquerías Sostenibles (Sustainable Fisheries Partnership, www.fishsource.com).

***Potsu*:** es la palabra genérica utilizada para designar una salsa o un plato con salsa.

Sake: licor japonés de arroz (16-20 por ciento de volumen), para tomar caliente o frío; es la bebida perfecta para acompañar el *sushi*. Para cocinar puede utilizarse uno económico, y puede sustituirse por un jerez seco. El sake tiene menos calorías que la ginebra o el vodka.

Salsa de soja: uno de los principales ingredientes de la cocina japonesa, esta salsa se elabora con habas de soja fermentadas y se usa en lugar de sal en muchas recetas. La soja oscura, más utilizada que la clara, es algo más espesa y dulce, pero menos salada.

***Sashimi*:** pescado o carne extremadamente frescos cortados muy finos, tamaño bocado.

Semillas de sésamo: las de sésamo negro, semillas de sésamo blanco tostadas, son ideales para espolvorear sobre ensaladas, carne o pescado para darles un toque crujiente y más textura. La variedad tostada puede resultar difícil de encontrar en los supermercados, pero es fácil tostar las semillas en casa en una sartén sin grasa, cosa que marca una gran diferencia en sabor. Además de ser deliciosas, las semillas de sésamo reducen el colesterol y fortalecen los vasos sanguíneos, y son una fuente rica de calcio, magnesio, hierro y cinc.

Setas *shiitake*: frescas tienen un sabor intenso, como a carne, y se encuentran en grandes supermercados. También pueden usarse deshidratadas: solo hay que rehidratarlas en agua hirviendo 20 minutos.

***Shichimi*:** conocido también como «pimienta picante de siete sabores», es un fuerte condimento en polvo usado para aportar aroma picante. Suele contener una mezcla de pimiento picante, *sanshō* molido, raspadura de cítricos, semillas de sésamo, semillas de cáñamo, jengibre y alga *nori*. Como alternativa, se pueden utilizar copos de guindilla.

Tahina: es una pasta hecha de semillas de sésamo molidas. La pasta de sésamo asiática suele elaborarse con semillas sin descascarillar, por lo que es más oscura y de textura más áspera que la que se emplea en la cocina griega, turca y del Oriente Medio. Este último tipo, más clara y más suave, es más fácil de encontrar en los supermercados. Cualquiera de las dos variedades puede usarse para nuestras recetas.

Tamari: es una salsa libre de trigo alternativa a la *salsa de soja*. Rica en proteínas, magnesio, potasio y hierro, puede usarse en lugar de la soja en todas las recetas si se es intolerante al gluten.

Tobiko: huevas de pez volador rojo/naranja. De sabor levemente salado y textura crujiente, se utiliza en la parte exterior de algunos rollos de *sushi*. También es excelente como ingrediente del rollito de mano (*véase* p. 64). Una buena alternativa son las huevas de salmón, aunque son de tamaño algo mayor.

Tofu: también conocido como cuajada de leche de soja, se elabora a partir de habas de soja cocidas presionadas en forma de bloques. Puede ser blando o de seda, de textura parecida a la crema pastelera (indicado para aliños y salsas), o bien firme o de algodón (indicado para cortar a láminas). Se trata de una buena alternativa a la carne, huevos o productos lácteos, apta para vegetarianos, veganos y personas intolerantes a la lactosa.

Umami: es la quinta sensación gustativa, después de dulce, agrio, amargo y salado. *Umami* describe los sabores intensamente sabrosos o «a carne» de los alimentos que contienen glutamato, un aminoácido que se halla de forma natural. Entre estos alimentos, están las setas, tomates maduros, salsa de soja y pescado en conserva —anchoas y virutas de bonito, por ejemplo)— además de las carnes curadas y el queso parmesano.

Vinagre de arroz: elaborado con arroz blanco o integral, es esencial para condimentar el *sushi* y se utiliza en muchos aliños y salsas. Posee excelente propiedades antibacterianas, y también se usa para conservar el arroz para *sushi* cocido. El vinagre de arroz reduce el índice glucémico del arroz que se ingiere, por lo que ayuda a mantener estable el nivel de energía. Se cree que al tomarlo con encurtidos al final de una comida, aporta beneficios digestivos.

Virutas de bonito (*katsuobushi*): son lonchitas de bonito ahumado seco, un pescado parecido al atún pero en realidad emparentado con la caballa. Las virutas de bonito se adquieren envasados al vacío y se utilizan para el *dashi*, o para decorar alimentos y aportarle sabor.

Wakame: significa alga de sésamo, lo cual da una idea de su sabor. Puede adquirirse seca y desmenuzada, y se rehidrata con agua fría en solo 5 minutos. Se emplea para ensaladas y muchas sopas de miso. Es rica en yodo, importante para la salud de la glándula tiroides.

Wasabi: es una planta similar al rábano picante originaria del Japón, que crece en arroyos de montaña. Es difícil encontrarla fresca (y puede resultar muy cara), pero se usa la versión en polvo, más barata y lista para utilizar (se le añade agua y se forma una pasta) o en tubo, lista para su consumo. Ambas son muy picantes, de modo que hay que añadirlas con cautela a los platos. El rábano picante fresco puede usarse como sustituto.

Yuzu: una fruta que parece un pequeño pomelo nudoso, de sabor agridulce, parecida a la mandarina. Es difícil encontrarla fresca, pero la marca Yutaka comercializa zumo de *yuzu* por Internet o en tiendas especializadas. Como alternativa, utilice zumo de mandarina mezclado con un poco de zumo de limón o lima. El *yuzu* es un cítrico de gran poder antioxidante, y contiene tres veces más vitamina C que el limón.

ACCESORIOS ÚTILES

Batidora: para las recetas de este libro, vale tanto una trituradora de vaso como una de brazo.

Cucharas medidoras: los cubiertos varían de tamaño, pero la cantidad exacta de una cucharada es 15 ml, y una cucharadita, 5 ml. Use estas medidas para obtener los mejores resultados.

Cuchillos afilados: esenciales para cortar pescado, y para que todo tipo de troceado resulte más fácil y rápido.

Esterilla para *sushi*: hecha de bastoncitos finos de bambú, y esencial para elaborar *maki*.

Minutero: para cocer el arroz con precisión.

Olla de base gruesa con tapa: esencial para un arroz a la japonesa perfecto.

Prensador de ajos: para obtener ajos picados, si no se desea rallarlos.

Rallador: con agujeros grandes para rallar jengibre y pequeños para rallar ajos.

Vaporera de bambú: para cocer verduras, porque la cocción al vapor preserva más los nutrientes que la ebullición.

Indispensables en la despensa

He aquí algunos ingredientes útiles para tener en casa y así poder elaborar las recetas de este libro en cualquier momento. Todos se conservan mucho tiempo y la mayoría son fáciles de conseguir en los supermercados. También puede adquirirlos en internet (*véase* p. 188) o en tiendas de alimentación japonesas.

1

1 **Vinagre de arroz:** Yutaka, Clearspring y Waitrose son buenas marcas.

2 **Pasta miso:** Clearspring elabora una buena pasta de miso. *Véase* la p. 12 para conocer las variedades disponibles en el supermercado.

3 **Salsa de pescado:** recomendamos la marca Squid o Waitrose.

4 ***Kombu*:** láminas gruesas de alga deshidratada. Se usa para elaborar caldo *dashi* además de condimentar aliños y salsas. Disponible en internet o tiendas de alimentación japonesas.

5 ***Wasabi*:** en polvo; busque las marcas Clearspring o S&B, disponibles en tiendas de alimentación japonesas e internet.

6 ***Wakame***: tal vez le cueste encontrar esta alga deshidratada en los supermercados, busque la marca Wel Pac en internet o tiendas de alimentación japonesas.

7 **Tofu**: conviene tener de las dos variedades, blando y firme.

8 **Virutas de bonito:** virutas de pescado seco ahumado para condimentar caldos y salsas. Disponible en bolsas al vacío, que duran mucho. Cómprelas en línea o tiendas de alimentación japonesas.

9 **Arroz para *sushi*:** arroz de grano corto. Busque una marca de primera calidad que lo comercialice bajo este nombre.

10 **Jengibre encurtido:** son buenas marcas Clearspring y Yutaka.

11 ***Mirin*:** vinagre dulce de vino de arroz; la marca Waitrose es buena.

12 **Salsa de soja:** recomendamos la marca Kikkoman tanto de salsa de soja como de salsa sin gluten (*tamari*).

13 **Semillas de sésamo tostadas:** si no las encuentra, es fácil tostar las semillas normales de sésamo en una sartén sin grasa.

14 ***Nori*:** láminas de alga deshidratada, disponibles en supermercados, de la marca Clearspring, por ejemplo.

15 **Láminas de papel de arroz:** para hacer rollitos. De la marca Waitrose u otras marcas de venta en supermercados asiáticos o por internet.

Caldo de pollo: para un caldo instantáneo, recomendamos la marca Knorr.

Polvo para *dashi*: *dashi* instantáneo, también denominado *hon dashi* o *dashi no moto*, disponible por internet o en tiendas de alimentación japonesas.

Aceite de cacahuete: u otro aceite de cocina ligero, como el de semilla de uva, girasol o vegetal.

Fideos: disponga de fideos de arroz de dos grosores (muy finos, como de cabello de ángel, y más gruesos, tipo tallarines), además de fideos *udon* y fideos *soba*. Para estos dos últimos tipos, Clearspring es buena marca.

2

Sake: opte por una variedad barata, o use jerez seco como sustituto.

Aceite de sésamo: procure encontrar uno de sésamo puro, no tostado; posee un delicado sabor y resulta delicioso para aliñar platos.

3

Alternativas al azúcar: agave, azúcar de coco, azúcar de palma, estevia y xilitol son buenos sustitutos para el azúcar granulado y glas.

INGREDIENTES FRESCOS

Raíz fresca de jengibre, ajos, pimientos picantes tailandeses, limones, limas y cebolletas.

4
5
6
7
8
9
10
11
12
13
14
15

SOPAS

- 93 calorías
- 0,7 g grasas saturadas

Sopa de miso sencilla

En Japón, la sopa de miso gusta tanto que la toman incluso para desayunar. ¡Adelante! En itsu, se pueden comprar bolsitas de pasta miso lista para utilizar: añada agua caliente y tofu para obtener una versión rápida de esta sopa. El *dashi* instantáneo (solo precisa agua hirviendo) también se encuentra en bolsitas, de modo que es fácil tenerlo en la despensa (tiendas en la p. 188).

4 raciones en bol pequeño

800 ml de *dashi* instantáneo, Caldo *dashi* casero (*véase* p. 165), o agua

3 cucharaditas de pasta miso blanca

100 g de tofu firme, a dados

una buena pizca de *wakame* deshidratado, sumergido en agua fría 5 minutos y escurrido

2 cebolletas troceadas

1 Lleve el caldo a ebullición. Ponga el miso en una taza o bol pequeño y remueva con una cucharada del caldo para ablandarlo un poco y obtener una pasta líquida suave. Mezcle la pasta con el caldo hasta que se disuelva.

2 Ponga el tofu y el *wakame* en el fondo de 4 boles individuales y vierta encima la sopa caliente. Eche las cebolletas por encima para servir.

Información nutricional: el miso es una pasta hecha con habas de soja fermentadas, y es rico en bacterias probióticas, lo cual significa que es bueno para la salud intestinal.

Variante: acabe el plato con espuma de leche de soja para hacer un capuchino de miso.

- 269 calorías
- 3,9 g grasas saturadas

Sopa de miso con caballa ahumada

Añada una nota ahumada a una simple sopa de miso, así como beneficios extra para la salud.

4 raciones como entrante o 2 como plato principal

800 ml de *dashi* instantáneo, Caldo *dashi* casero (*véase* p. 165), o agua

3 cucharaditas de pasta miso blanca

100 g de caballa ahumada, sin piel y cortada a trocitos

100 g de tofu firme, a dados

una buena pizca de *wakame* deshidratado, sumergido en agua fría 5 minutos y escurrido

1 cebolleta troceada

1 Lleve el caldo a ebullición. Ponga el miso en una taza o bol pequeño y remueva con una cucharada del caldo para ablandarlo un poco y obtener una pasta líquida suave. Mezcle la pasta con el caldo hasta que se disuelva.

2 Reparta la caballa, el tofu y el *wakame* entre los boles individuales y vierta encima la sopa caliente. Eche las cebolletas por encima y sirva muy caliente.

Información nutricional: la caballa es una de las mejores fuentes de ácidos grasos omega 3, que combaten la inflamación y mantienen el corazón y el cerebro sanos.

Variante: convierta la sopa en una comida más completa añadiendo *shiitake* laminados, puerros u hojas de espinacas «baby».

Sopa de miso sencilla

- 45 calorías
- 3 g grasas saturadas

Caldo dinamita

En itsu, cuando preparamos esta sopa nunca usamos *dashi* con glutamato monosódico. Creemos que este potenciador químico del sabor resulta innecesario, de modo que si compra el dashi en lugar de prepararlo, busque uno sin este componente. Utilizamos *dashi* como base de nuestras recetas de *potsu* (salsas), además de la Sopa depurativa (p. 24). El caldo se conserva hasta una semana en el frigorífico, y se puede congelar, así siempre podrá tener un poco a mano para una sopa rápida.

4 raciones

1,6 litros de *dashi* instantáneo, Caldo *dashi* casero (*véase* p. 165), o agua

5 cucharaditas de pasta miso blanca

2 cucharadas de leche de coco

1 cucharada de *mirin*

20 g o 4 cm de raíz fresca de jengibre rallado

1 cucharadita de pasta de tamarindo

1 diente de ajo, rallado o picado

4 hojas de lima, picadas

1 pimiento picante tailandés, picado

1. Lleve el caldo a ebullición. Ponga el miso en una taza o bol pequeño y remueva con una cucharada del caldo para ablandarlo un poco y obtener una pasta líquida suave. Mezcle la pasta con el caldo hasta que se disuelva.
2. Triture el resto de ingredientes juntos. Vierta en el caldo caliente y deje cocer unos 5 minutos para que se integren los sabores. (Si no tiene batidora, pique las verduras al principio y omita este paso.)
3. Tómese enseguida o déjese enfriar y consérvese en el frigorífico hasta una semana.

- 200 calorías
- 1,7 g grasas saturadas

Sopa depurativa

Uno de los platos favoritos del almuerzo en itsu, esta sopa está llena de deliciosas hortalizas y saciantes fideos. Cada bol contiene dos raciones de verdura repletas de antioxidantes y una buena dosis de proteína. ¡Cuesta encontrar una manera más sana de llenarse! Si lo desea, utilice un puñado de cada hortaliza en lugar de pesarlas.

4 raciones

1 tanda de Caldo dinamita (p. 23)

1 pimiento rojo, sin rabo ni semillas

100 g o un puñado de judías verdes

100 g o un puñado de zanahorias

100 g o un puñado de tirabeques

100 g o un puñado de setas *shiitake*

100 g o un puñado de espinacas

100 g o un puñado de brotes de alubia

200 g de tofu firme, a dados

3 cucharadas de alga *wakame*, sumergida en agua fría 5 minutos y escurrida

40 g de fideos de arroz, sumergidos en agua hirviendo 5 minutos y escurridos

Información nutricional: el alga *wakame* es muy rica en yodo, importante para la salud de la tiroides; el tofu de esta sopa aporta proteínas sin grasa, buenas para saciar sin aumentar de peso.

1 Lleve el caldo a ebullición. Mientras, corte todas las verduras tamaño bocado, aparte de las espinacas y los brotes.

2 Incorpore las verduras troceadas y hierva 2½ minutos, luego añada las espinacas y los brotes durante 30 segundos.

3 Ponga el tofu, el *wakame* y los fideos en el fondo de cada bol individual y vierta a cucharones las verduras y el caldo caliente.

- 300 calorías
- 2,7 g grasas saturadas

Sopa *pho* de pollo fácil

Este plato de fideos, típico en Vietnam, es tan popular en el Reino Unido que ya existe incluso una cadena de restaurantes con su nombre. Esta receta es una mezcla sencilla de fragantes especias y hierbas para un caldo al aroma de jengibre. Con jugosos trozos de pollo, fideos de arroz sin gluten y crujientes germinados, es un plato fiel a nuestros principios y ligero como una pluma.

2 raciones

1 cebolla blanca, partida por la mitad

20 g o 4 cm de jengibre fresco, a rodajas gruesas

80 ml de caldo de pollo

1 cucharadita de semillas de cilantro

4 clavos de olor

2 estrellas de anís

½ ramita de canela

un manojito de tallos de cilantro

2 muslos de pollo deshuesados y sin piel

2 cucharaditas de azúcar de palma o alternativa integral

1 cucharada de salsa de pescado

sal

PARA SERVIR

50 g de fideos de arroz planos, sumergidos en agua hirviendo 15 min (o según las instrucciones del envase)

2 puñados grandes de brotes de alubia

1 cebolla roja, laminada

una mezcla de hojas de cilantro (reservadas del manojito de arriba), albahaca y menta, troceadas

1 pimiento picante tailandés, picado

zumo de ½ lima

1 Caliente bien una sartén de base gruesa. Sin grasa, dore la cebolla blanca y el jengibre 4 minutos por cada lado. Esto aporta intensidad de sabor, pero si tiene prisa, sáltese este paso.

2 Ponga el caldo en una olla con la cebolla, jengibre, especias y tallos de cilantro (reserve las hojas) y lleve a ebullición. Incorpore los muslos de pollo y déjelos cocer 15 minutos. Extraiga el pollo y deje templar antes de cortarlo en pedazos tamaño bocado.

3 Cuele el caldo en un bol, desechando los ingredientes sólidos, y luego vuelva a echarlo a la olla. Sazone al gusto, eche el azúcar, la salsa de pescado y los trozos de pollo.

4 Para servir, ponga los fideos en boles individuales y cúbralos con el caldo y el pollo. Añada los germinados, la cebolla roja, las hierbas, pimiento picante y zumo de lima, u ofrezca estos ingredientes por separado para que cada comensal se sirva.

Información nutricional: el cilantro fresco contiene tanta vitamina C como un cítrico.

- 189 calorías
- 8,2 g grasas saturadas

Sopa de calabaza, espinaca y coco con jengibre

Buena y cálida, esta sopa se prepara rápida y fácilmente, y es una excelente opción vegetariana si se usa caldo vegetal en lugar de caldo de pollo. El coco cremoso, el jengibre calmante y los brotes crujientes de bambú forman un plato muy saciante.

4 raciones

1 litro de caldo de pollo

200 ml de leche de coco

1 pimiento picante tailandés, picado

20 g o 4 cm de jengibre picado

1 cucharada de salsa de soja

1 cucharada de salsa de pescado

2 cucharaditas de zumo de limón

1 cucharadita de maicena

500 g de calabaza, sin semillas y a dados de 1 cm

unos 250 g de hojas de espinaca

unos 150 g de brotes de bambú, lavados, o 150 g de maíz «baby» troceado

1 Lleve el caldo a ebullición en una olla grande y añada la leche de coco, el pimiento picante, el jengibre, la salsa de soja y la salsa de pescado.

2 Mezcle el zumo de limón con la maicena en una taza o bol para formar una pasta suave. Incorpore la pasta al caldo y deje cocer a fuego lento 5 minutos.

3 Añada la calabaza al caldo y siga cociendo a fuego lento 5-7 minutos, hasta que quede tierna.

4 Incorpore las espinacas y deje cocer un minuto más o hasta que se marchiten.

5 Triture brevemente para obtener una deliciosa sopa cremosa con algunos grumos. (Si no tiene batidora, pique bien las verduras al principio y omita este paso.)

6 Para terminar, añada los germinados o el maíz y caliente antes de servir.

- 117 calorías
- 1,9 g grasas saturadas

Sopa con huevo y *shiitake*

Increíblemente fácil de hacer con ingredientes de la despensa, esta receta es una de las favoritas entre los jóvenes japoneses, además de ser de presupuesto bajo. Proporciona todos los nutrientes necesarios, está llena de sabor y sacia de maravilla.

2 raciones

500 ml de *dashi* instantáneo, Caldo *dashi* casero (*véase* p. 165), o agua

100 g de setas *shiitake*, picadas

2 huevos

1 cucharada de salsa de soja, y un poco más para servir (opcional)

1 cucharada de *mirin*

ramitas de cilantro, para decorar (opcional)

Variante: pueden usarse setas *shiitake* deshidratadas en lugar de frescas, pero acuérdese de remojarlas antes 20 minutos en agua hirviendo. Otra opción consiste en utilizar *edamame* (vainas de soja) u otras verduras pequeñas, como guisantes o espárragos troceados.

1 Lleve el caldo a ebullición. Incorpore las setas y deje cocer 3 minutos.

2 Bata los huevos con la salsa de soja y el *mirin*, luego échelos al caldo. Formarán bellos hilillos en el líquido caliente.

3 Sirva muy caliente decorado con ramitas de cilantro, si se desea, y con salsa de soja extra para condimentar, si es necesario.

- 194 calorías
- 1,4 g grasas saturadas

Sopa picante con cerdo y fideos

Baja en calorías pero muy saciante, esta sopa es ideal para llevar a la oficina y recalentarla para almorzar. Las sobras van bien para una cena rápida.

4 raciones

100 g de setas variadas (*shiitake*, seta de ostra o *enoki*, por ejemplo)

100 g de fideos de arroz finos, sumergidos en agua hirviendo 5 minutos y escurridos

100 g de carne picada de cerdo

2 cebolletas, a láminas

un puñadito de cilantro, troceado

trozos de lima (opcional)

SOPA

1,5 litros de caldo de pollo

½ cucharadita de sal

1 pimiento picante tailandés, partido por la mitad a lo largo

1 cucharadita de azúcar de palma o alternativa integral

zumo de 1 lima

1 tallo de caña santa, picado

4 hojas de lima

2 cucharadas de salsa de pescado

1 Primero, lleve el caldo de pollo a ebullición, luego añada el resto de ingredientes para la sopa y deje cocer unos minutos para que los sabores se integren.

2 Añada las setas, fideos y carne de cerdo, removiendo para desmigar la carne, y deje cocer 3-4 minutos.

3 Sirva con la cebolleta y el cilantro por encima y, si lo desea, un trozo de lima al lado.

Variante: pruebe esta receta con langostinos en lugar de carne de cerdo: es una deliciosa (y ligera) alternativa.

- 182 calorías
- 1 g grasas saturadas

Sopa picante con langostinos

Los deliciosos aromas de la caña santa, la lima y el pimiento picante conforman esta sopa equilibrada y de gran sabor.

2 raciones

800 ml de caldo de pollo

½ cucharadita de sal

½–1 pimiento picante tailandés (al gusto)

1 cucharadita de azúcar de palma o alternativa integral

3 cucharadas de zumo de lima

1 tallo de caña santa, picado

4 hojas de lima

100 g de setas *shiitake*, laminadas

150 g de langostinos pelados sin cocer

PARA SERVIR

2 cebolletas, picadas

ramitas de cilantro

trozos de lima

1 Lleve el caldo a ebullición. Incorpore el resto de ingredientes excepto los langostinos, y deje cocer 5 minutos.

2 Añada los langostinos y deje cocer 2 minutos, hasta que se vuelvan rosados.

3 Vierta la sopa en boles y sírvala con la cebolleta y el cilantro por encima, y un trozo de lima.

- 222 calorías
- 2,3 g grasas saturadas

Sopa picante de pollo y caña santa

Se trata de una sopa aromática picante, ácida, sabrosa y dulce al mismo tiempo. Llena mucho, es sana y es fácil de preparar. Los chefs de itsu prefieren usar muslo de pollo para las sopas y *potsus* porque es más jugosa que la pechuga y aporta mejor sabor.

4 raciones

1,5 litros de caldo de pollo

1 cucharadita de azúcar de palma o alternativa integral

20 g o 4 cm de raíz de jengibre laminada

1 tallo de caña santa picado

2 chalotas troceadas

4 hojas de lima

1 cucharadita de pasta de tamarindo

2 muslos de pollo sin hueso y sin piel

zumo de 1 lima

2 cucharadas de salsa de pescado

1 pimiento picante tailandés, sin semillas y troceado (opcional)

manojito de cilantro, troceado

1 Ponga el caldo en una olla con el azúcar, la caña santa, las chalotas, las hojas de lima y la pasta de tamarindo. Lleve a ebullición, luego añada el pollo y deje cocer 15 minutos.

2 Con una espumadera, retire el pollo del caldo y reserve para que se temple. Cuele el caldo, descartando los ingredientes sólidos, y vuelva a echarlo a la olla.

3 Cuando ya no queme, desmenuce o corte el pollo en trozos de tamaño bocado y échelo al caldo con el zumo de lima, la salsa de pescado, el pimiento picante (si lo usa) y el cilantro. Sirva en cuencos.

- 224 calorías
- 9,7 g grasas saturadas

Sopa de pollo, setas y coco

Esta cremosa mezcla de pollo y leche de coco es a la vez saciante y ligera, y las sobras se conservan bien en el frigorífico.

4 raciones

1 litro de caldo de pollo

200 ml de leche de coco

1 pimiento picante tailandés, sin semillas y picado

200 g de setas variadas (*shiitake*, ostra, *enoki* o *shimeji*)

4 hojas de lima

150 g de muslo de pollo sin hueso y sin piel

150 g de col china, tirabeques, espinacas y maíz «baby» mezclados, o un puñado de cada

1 cucharada de salsa de pescado

1 cucharadita de azúcar de palma o alternativa integral

1 cucharada de zumo de lima

20 g o 4 cm de raíz de jengibre laminada

manojito de cilantro, troceado, para servir

Información nutricional: el coco es una excelente fuente de hierro, potasio y cinc. Como las semillas y el aguacate, la leche de coco es rica en grasa saturada natural, pero se trata principalmente de ácidos grasos saturados de cadena media, especialmente ácido láurico. El organismo utiliza rápidamente estas grasas, de modo que es menos probable que se almacenen en forma de grasa corporal.

1 Caliente el caldo en una olla con la leche de coco, el pimiento, las setas y las hojas de lima. Lleve a ebullición, incorpore el pollo y deje cocer 10-15 minutos.

2 Con una espumadera, retire el pollo del caldo y reserve para que se temple. Cuando ya no queme, desmenuce o corte el pollo en trocitos de tamaño bocado.

3 Vuelva a echar el pollo a la olla e incorpore las verduras, salsa de pescado, azúcar y zumo de lima. Deje cocer unos minutos más, hasta que las verduras se hagan un poco pero sigan crujientes.

4 Sirva en cuencos y eche el cilantro picado por encima.

ARROCES, FIDEOS, *SUSHI* Y HUEVOS

- 238 calorías
- 0,7 g grasas saturadas

Arroz a la japonesa con cebolleta y salsa de jengibre

Este fantástico plato de arroz se inspira en una receta del gran libro de David Chang, *Momofuku*. Si no lo conoce, consiga uno ya: ¡es alucinante! Utilice la salsa de esta receta para cualquier plato de fideos, arroz integral, ensaladas y pollo o pescado a la plancha.

4 raciones como acompañamiento

100 g de guisantes, frescos o congelados

2 cebolletas, picadas

10 g o 2 cm de raíz de jengibre rallada

1 cucharada de aceite ligero, como el de cacahuete

2 cucharadas de vinagre de arroz para sushi listo para usar o casero (*véase* p. 44)

1 tanda de Arroz a la japonesa (*véase* p. 44)

sal

1 Cueza los guisantes en agua hirviendo con sal 2-3 minutos, según sean frescos o congelados, y escúrralos.

2 Triture brevemente la cebolleta, jengibre, aceite y vinagre para sushi para obtener una salsa.

3 Mezcle los guisantes con la salsa y luego incorpórelo al arroz.

- 270 calorías
- trazas de grasas saturadas

Arroz fácil a la japonesa

Un arroz a la japonesa perfectamente condimentado es muy fácil de hacer. Solo hace falta una olla pequeña con tapa y tal vez un minutero. Este arroz sirve para elaborar *sushi*, como guarnición o como base para el Pollo *teriyaki* o el Salmón *teriyaki* (pp. 120 y 136). También se puede congelar, por lo que se puede preparar el doble de cantidad y guardar el que no se use para otra ocasión. (Las cantidades de abajo son para 350 g de arroz cocido.)

4 raciones pequeñas

150 g de arroz japonés de grano corto sin cocer

180 ml de agua, filtrada si es posible

3 cucharaditas de vinagre de arroz para sushi listo para usar o casero (véase más abajo)

1 Lave el arroz con agua fría del grifo hasta que el agua salga transparente. Harán falta un par de aclarados. Escurra el arroz y déjelo reposar al menos 15 minutos.

2 Ponga el arroz en una olla y agregue el agua filtrada. Tape y lleve a ebullición (1-2 minutos), luego baje el fuego y deje cocer 12 minutos. Apague el fuego y deje reposar, tapado, 10 minutos más.

3 Moje una bandeja plana y extienda el arroz por encima. Rocíe con el vinagre de arroz para *sushi* y remueva con cuidado pero a conciencia con una cuchara de madera, para que el arroz se temple un poco y absorba el condimento. Si desea hacerlo verdaderamente a la japonesa, puede abanicarlo para que se enfríe.

Consejo: es muy sencillo hacer vinagre casero para condimentar el arroz para sushi, aunque se puede comprar listo para su uso. Mezcle 1 cucharadita de vinagre de arroz, 2 cucharaditas de *mirin*, ½ cucharadita de azúcar y ½ cucharadita de sal. (Con estas cantidades, se hacen 3 cucharadas de condimento, pero se pueden multiplicar proporcionalmente para obtener tanto como se desee. El condimento se conserva hasta un mes en un tarro con cierre de rosca.)

Variante: mejore este plato con un acompañamiento de arroz blanco con *furikake* o semillas de soja tostadas (*véase* p. 89), o prepare nuestra famosa salsa de cebolleta y jengibre (*véase* p. 42).

- 141 calorías
- 0,3 g grasas saturadas

Arroz integral para *sushi*

Como opción aún más saludable para el *sushi*, pruebe a utilizar arroz integral. A diferencia del blanco, el integral conserva todos los nutrientes y ofrece todos los beneficios de su fibra, vitaminas y propiedades estabilizadoras del azúcar en sangre.

4 raciones pequeñas

150 g de arroz japonés de grano corto integral sin cocer

200 ml de agua, filtrada si es posible

3 cucharaditas de vinagre de arroz para sushi listo para usar o casero (*véase* página anterior)

1 Lave el arroz con agua fría del grifo hasta que el agua salga transparente, luego escúrralo y déjelo reposar al menos 15 minutos.

2 Ponga el arroz en una olla y agregue el agua filtrada. Tape y lleve a ebullición (1-2 minutos), luego baje el fuego y deje cocer 30 minutos. Apague el fuego y déjelo reposar, tapado, 10 minutos más.

3 Moje una bandeja plana y extienda el arroz por encima. Rocíe con el vinagre de arroz para *sushi* y remueva con cuidado pero a conciencia con una cuchara de madera, para que el arroz se temple un poco y absorba el condimento.

- 233 calorías
- 2,6 g grasas saturadas

Potsu de arroz integral y siete verduras con salsa *ithai*

La base de arroz integral y salvaje convierte esta receta en un plato de índice glucémico bajo ideal para tomar en casa o llevar al trabajo: un almuerzo saciante pero ligero a la vez, delicioso y repleto de nutrientes. También es rico en vitaminas y antioxidantes gracias a la combinación de verduras, que cuenta como la mitad de las cinco raciones diarias. Las sobras se conservan en el frigorífico hasta dos días, y se pueden recalentar para otra comida, pero recuerde que el arroz cocido solo debe recalentarse una vez.

4 raciones

150 g de arroz integral y salvaje mezclados

1 zanahoria grande, limpia y cortada en bastoncitos

1 pimiento rojo, sin semillas y en tiras

1 puerro, limpio y en rodajitas

100 g de brócoli, dividido en cabezuelas

100 g o un puñado de judías verdes, despuntadas

100 g o un puñado de tirabeques

100 g o un puñado de espinacas

1 tanda de Salsa ithai (p. 173)

sal

1 Lave el arroz con abundante agua y cúbralo con agua caliente. Deje en remojo al menos 10 minutos.

2 Lleve a ebullición una olla grande de agua, eche una pizca de sal y cueza las verduras en ella, excepto las espinacas, durante 3 minutos. Incorpore las espinacas 30 segundos antes del fin de la cocción.

3 Reserve el agua de cocción y, con una espumadera, pase las verduras a un colador y deje que se escurran, tapadas para mantenerlas calientes.

4 Escurra el arroz, añádalo al agua de las verduras (ahora rica en nutrientes) y hiérvalo 15 minutos, o según las instrucciones del envase. Escurra bien y reparta en boles individuales. Sirva las verduras encima y acompañe de salsa *ithai*.

- 300 calorías
- 3,8 g grasas saturadas

Potsu de pollo a la parrilla y arroz integral con salsa *ithai*

Jugosos trozos de pollo a la parrilla sobre un nutritivo lecho de arroz integral y un montón de verduras, todo aliñado con la famosa salsa *ithai* de *itsu*: ¿se puede mejorar?

4 raciones

150 g de arroz integral y salvaje mezclados

150 g de muslos de pollo sin hueso y sin piel

1 cucharadita de aceite ligero, como el de cacahuete, para untar

1 zanahoria grande, limpia y cortada en bastoncitos

1 pimiento rojo, sin semillas y en tiras

100 g o un puñado de judías verdes, despuntadas

100 g o un puñado de tirabeques

100 g o un puñado de setas *shiitake*, partidas por la mitad

100 g o un puñado de espinacas

100 g o un puñado de brotes de judía

1 tanda de Salsa *ithai* (p. 173)

sal y pimienta negra

1 Lave el arroz con abundante agua y cúbralo con agua caliente. Deje en remojo al menos 10 minutos.

2 Caliente la parrilla del horno al máximo. Ponga los muslos de pollo en una fuente para el horno, salpimiente y unte con el aceite. Dórelos 10 minutos, dándoles la vuelta a media cocción. Retire del fuego y deje templar antes de cortar el pollo en trozos.

3 Mientras, lleve a ebullición una olla grande de agua, eche una pizca de sal y cueza las verduras en ella, excepto las espinacas y los germinados, durante 3 minutos. Incorpore las espinacas y brotes 30 segundos antes del fin de la cocción. Escurra y tape para mantener las verduras calientes.

4 Escurra el arroz, añádalo al agua de las verduras, ahora rica en nutrientes, y hiérvalo 15 minutos, o según las instrucciones del envase. Escurra bien.

5 Reparta en boles individuales, con el pollo y las verduras encima. Rocíe con salsa *ithai* y sirva con el resto de la salsa aparte.

Variante: pruebe esta receta con otras hortalizas, como puerros, brócoli o col china, con *edamame*. Se puede espolvorear *furikake* o semillas de sésamo, preferentemente tostadas, o Semillas de calabaza tostadas para espolvorear (*véase* p. 171) por encima del plato acabado para decorar, pero 1 sola cucharada añadirá 34 calorías y 0,6 g de grasas saturadas al plato.

- 299 calorías
- 4,6 g grasas saturadas

Potsu de pollo a la parrilla con fideos y caldo dinamita

En itsu acabamos nuestros *potsu* con *kombu* encurtida, un alga que aporta una textura crujiente al plato. Se vende en tiendas de alimentación oriental, pero si le cuesta encontrarla, utilice semillas de calabaza o Pepino encurtido con jengibre (p. 93). Esta deliciosa y saludable receta es una buena razón para tener Caldo dinamita en el frigorífico.

4 raciones

200 g de muslos de pollo sin hueso y sin piel

½ cucharadita de aceite ligero, como el de cacahuete, para untar

1 zanahoria grande, limpia y cortada en bastoncitos

1 pimiento rojo, sin semillas y en tiras

100 g o un puñado de judías verdes, despuntadas

100 g o un puñado de tirabeques

100 g o un puñado de setas *shiitake*, partidas por la mitad

100 g o un puñado de espinacas

100 g o un puñado de brotes de judía

1 tanda de Caldo dinamita (p. 23)

250 g de fideos *udon* instantáneos o 150 g de fideos *udon* secos

sal y pimienta negra

2 cucharadas de *furikake* o semillas de sésamo, preferentemente tostadas, o Semillas de calabaza tostadas (p. 171), para decorar

1 Caliente la parrilla del horno al máximo. Ponga los muslos de pollo en una fuente para horno, salpimiente y unte con el aceite. Dórelos 10 minutos, dándoles la vuelta a media cocción. Retire del fuego y deje templar antes de cortar el pollo en trozos de tamaño bocado.

2 Mientras, lleve a ebullición una olla grande de agua, eche una pizca de sal y cueza las verduras en ella, excepto las espinacas y los germinados, durante 3 minutos. Incorpore las espinacas y brotes 30 segundos antes del fin de la cocción. Escurra y tape para mantener las verduras calientes.

3 Caliente el caldo dinamita en una olla. Mientras, cueza los fideos en agua hirviendo según las instrucciones del envase. Escurra y divida en boles individuales.

4 Ponga las verduras y el pollo sobre los fideos, y cubra con el caldo caliente. Espolvoree *furikake* o semillas de sésamo, preferentemente tostadas, o semillas de calabaza tostadas.

Consejo: varias partes de esta receta pueden prepararse con antelación. Los fideos pueden cocerse y aliñarse con un poco de aceite de cacahuete para evitar que se peguen. La mezcla de verduras también se puede cocer y reservar en el frigorífico hasta que se precise. Caliente justo antes de servir.

- 289 calorías
- 3,6 g grasas saturadas

Potsu de fideos *udon* y siete verduras con caldo dinamita

Un montón de verduras sobre un lecho de fideos humeantes con nuestro famoso Caldo dinamita. Los fideos *udon* secos son algo más finos, de textura más firme que otros fideos, y se conservan bien.

4 raciones

1 zanahoria grande, limpia y cortada en bastoncitos

1 pimiento rojo, sin semillas y en tiras

100 g o un puñado de judías verdes, despuntadas

100 g o un puñado de tirabeques

100 g o un puñado de setas shiitake, partidas por la mitad

100 g o un puñado de espinacas

100 g o un puñado de brotes de judía

1 tanda de Caldo dinamita (p. 23)

150 g de fideos udon instantáneos o 200 g de fideos udon secos

sal

40 g de semillas de calabaza tostadas (p. 171), para decorar

1 Lleve a ebullición una olla grande de agua, eche una pizca de sal y cueza las verduras en ella, excepto las espinacas y los germinados, durante 3 minutos. Incorpore las espinacas y brotes 30 segundos antes del fin de la cocción. Escurra y tape para mantener las verduras calientes.

2 Caliente el caldo dinamita en una olla.

3 Mientras, cueza los fideos en agua hirviendo según las instrucciones del envase.

4 Escurra y divida los fideos en boles individuales. Ponga las verduras sobre los fideos y cubra con el caldo caliente. Espolvoree semillas de calabaza tostadas para servir.

- 247 caloríass
- 1,1 g grasas saturadas

Fideos soba con caldo de setas

Un caldo ligero como una pluma pero lleno de sabor y nutritivas setas frescas y secas, con suaves fideos soba. Imagine un plato de pasta sin calorías.

2 raciones

1 litro de *dashi* instantáneo, Caldo *dashi* casero (*véase* p. 165), o agua

10 g de setas *shiitake* secas u otro tipo de seta seca de sabor intenso

2 cucharadas de salsa de soja

1 cucharadita de vinagre de arroz

1 cucharada de *mirin*

100 g de setas frescas variadas, laminadas o en trocitos (como *shiitake*, ostra, *enoki* o *shimeji*: todas disponibles en supermercados)

70 g de fideos soba secos

2 cebolletas, picadas, para decorar

sal

Información nutricional: los fideos *soba* están hechos con harina de alforfón, libre de gluten y rica en rutina, un bioflavonoide que amplía la acción de la vitamina C y actúa como antioxidante. El alforfón es además rico en magnesio, que interviene en la producción de energía. Estos fideos mantienen el nivel de azúcar en sangre más estable que muchos otros hidratos de carbono.

1 Ponga el caldo en una olla y lleve a ebullición. Incorpore las setas secas y deje cocer 10 minutos.

2 Escurra el caldo y trocee las setas. Vuelva a echarlo todo a la olla y agregue la salsa de soja, el vinagre, el *mirin* y las setas frescas. Deje cocer 5 minutos.

3 Mientras, cueza los fideos en agua hirviendo con sal durante 7 minutos, o según las instrucciones del paquete. Escurra y reparta en 2 cuencos. Vierta el caldo y las setas encima, y decore con la cebolleta.

Sushi paso a paso

Sushi es un término general para describir el arroz condimentado con vinagre y combinado con otros ingredientes.

Existen numerosos estilos y formas de *sushi*, pero hemos elegido los mejores para empezar.

Maki es el *sushi* enrollado: arroz enrollado alrededor de un relleno y envuelto con una lámina de alga *nori* (*hosomaki* o *futomaki*), o con *nori* alrededor del relleno y arroz por fuera (*uramaki*).

Nigiri es el *sushi* abierto: pequeñas porciones oblongas de arroz presionado a mano con un ingrediente encima.

Temaki o **rollito de mano**, es un simple cono relleno de *sushi*. Lo mejor es prepararlo justo antes de consumirlo para que el alga *nori* se conserve crujiente y no se deshaga la forma. Es divertido prepararlos con amigos: tenga listos todos los ingredientes y que cada uno se haga su *temaki*.

Nota: los japoneses no utilizan palillos para comer sushi, sino que cogen cada pieza con los dedos.

Cómo hacer *maki* con arroz por dentro

Los atractivos rollitos son fáciles de preparar, se trata de un relleno enrollado con una lámina de alga. Al principio, puede practicar con un relleno de arroz sin nada más para cogerle el truco a la técnica.

PARA 12 *MAKI*

1 lámina de alga *nori*

100 g o 2 puñaditos de Arroz fácil a la japonesa

el relleno de su elección (*véanse* pp. 56-57 para inspirarse)

1 Ponga la lámina de *nori* sobre una superficie plana con las líneas en sentido vertical. Doble la lámina por la mitad a lo largo y corte por el doblez para obtener 2 rectángulos.

2 Extienda 1 rectángulo sobre una esterilla de *sushi*. Disponga los otros ingredientes alrededor de la esterilla y coloque un bol con agua caliente al lado. Mójese los dedos en el agua, presione la mitad del arroz sobre la lámina de *nori*, dejando un margen de 1 cm en el extremo superior.

3 Disponga el relleno elegido sobre el arroz a lo largo del margen más cercano a usted.

4 Levante el extremo de la esterilla y enróllela alejándola de usted con los pulgares, mientras sujeta el relleno con los demás dedos. Siga levantando la esterilla hasta que se forme un rollo. Moje el margen de la lámina y presione para que se selle. Corte los extremos para un buen acabado y corte el cilindro en 6 trozos iguales. Repita el proceso con el otro rectángulo de *nori*.

- 196 calorías
- 0,4 g grasas saturadas

Maki de atún picante

El jengibre encurtido picado que contienen estos rollitos de arroz les aporta un toque especial.

Salen 12

1 lámina de alga *nori*

180 g (2 puñados) de Arroz fácil a la japonesa (*véase* p. 44)

40 g de atún muy fresco, cortado en tiras largas

2 cucharadas de jengibre encurtido, picado

PARA SERVIR (OPCIONAL)

salsa de soja

pasta *wasabi*

1 Siga los pasos 1 y 2 de la página 54.

2 Disponga una tira de atún a lo largo del borde de la capa de arroz más cercano a usted y cúbralo con una capa de jengibre encurtido.

3 Enrolle la lámina *nori* y córtela en trozos como se muestra en el paso 4 de la página 54.

4 Repita todos estos pasos con el resto de ingredientes.

5 Sirva con salsa de soja y pasta *wasabi* para mojar, si lo desea.

- 251 calorías
- 2 g grasas saturadas

Maki de salmón y aguacate

Un favorito de itsu, estos rollitos de salmón, aguacate cremoso y pepino crujiente constituyen uno de nuestros platos más vendidos.

Salen 12

1 lámina de alga *nori*

180 g (2 puñados) de Arroz fácil a la japonesa (*véase* p. 44)

40 g de salmón muy fresco, cortado en tiras de 6 cm

½ aguacate maduro, a láminas finas

6 bastoncitos de pepino, pelado y sin semillas

PARA SERVIR (OPCIONAL)

salsa de soja

pasta *wasabi*

1 Siga los pasos 1 y 2 de la página 54.

2 Disponga una tira de salmón a lo largo del borde de la capa de arroz más cercano a usted y cúbralo con láminas de aguacate y tiras de pepino.

3 Enrolle la lámina *nori* y córtela en trozos como se muestra en el paso 4 de la página 54.

4 Repita todos estos pasos con el resto de ingredientes.

5 Sirva con salsa de soja y pasta *wasabi* para mojar, si lo desea.

Cómo hacer *maki* con arroz por fuera

Estos bocaditos se pueden describir como la versión invertida del *maki* con arroz por dentro, ya que en este caso el relleno envuelto en *nori* queda en el interior del rollito y el arroz queda por fuera.

PARA 12 *MAKI*

1 lámina de alga *nori*

200 g (4 puñaditos) de Arroz fácil a la japonesa (*véase* p. 44)

1 cucharada de semillas de sésamo, preferentemente tostadas

el relleno de su elección (*véanse* pp. 60-61 para inspirarse)

1 Ponga la lámina de *nori* sobre una superficie plana con las líneas en sentido vertical. Doble la lámina por la mitad a lo largo y corte por el doblez para obtener 2 rectángulos.

2 Extienda 1 rectángulo sobre una tabla limpia. Disponga los otros ingredientes alrededor de la esterilla y coloque un bol con agua caliente al lado. Mójese los dedos en el agua, presione la mitad del arroz sobre la lámina de *nori*. Espolvoree con la mitad de semillas de sésamo.

3 Disponga una base de papel film transparente sobre una esterilla de *sushi*. Levante la lámina *nori* cubierta de arroz y póngala boca abajo sobre el papel film. (No tema: el arroz es pegajoso, no se caerá.) Disponga el relleno elegido a lo largo del margen más cercano a usted.

4 Levante el extremo de la esterilla y enróllela alejándola de usted con los pulgares, mientras sujeta el relleno con los demás dedos. Siga levantando la esterilla y el papel film hasta que la lámina *nori* se enrolle. Moje el margen de la lámina y presione para que se selle. Corte los extremos para un buen acabado y corte el cilindro en 6 trozos iguales. Repita el proceso con el otro rectángulo de *nori*.

- 287 calorías
- 2, 6 g grasas saturadas

Maki California de cangrejo

Solo hace falta un poco de cangrejo para estos rollitos, por lo que se puede utilizar el sobrante si ha preparado Rollitos de cangrejo (*véase* p. 157), o tómelos al día siguiente con tortitas de arroz y aguacate y cilantro como delicioso tentempié.

Salen 12

1 lámina de alga *nori*

200 g (aprox.) de Arroz fácil a la japonesa (*véase* p. 44)

1 cucharada (más o menos) de semillas de sésamo, preferentemente tostadas

4 cucharaditas (unos 20 g) de carne de cangrejo cocida

½ aguacate maduro, a láminas finas

12 tiras de cebollino

6 bastoncitos de pepino, de unos 9 cm de largo y 5 mm de ancho, pelado y sin semillas

PARA SERVIR (OPCIONAL)

salsa de soja

pasta *wasabi*

1 Siga los pasos 1-3 de la página 58.

2 Disponga la mitad del cangrejo a lo largo del borde de la capa de arroz más cercano a usted y cúbralo con la mitad del aguacate, el cebollino y el pepino.

3 Enrolle y acabe el *maki* como se muestra en el paso 4 de la p. 58.

4 Repita todos estos pasos con el resto de ingredientes.

5 Sirva con salsa de soja y pasta *wasabi* para mojar.

- 208 calorías
- 1 g grasas saturadas

Maki con arco iris de verduras

Estos *maki* no solo son bonitos, sino que además son aptos para vegetarianos al no contener pescado.

Para 12 *makis*

1 lámina de alga *nori*

unos 200 g (4 puñaditos) de Arroz fácil a la japonesa (*véase* p. 44)

alrededor de 1 cucharada de semillas de sésamo, preferentemente tostadas

8 judías verdes delgadas crudas

4 cucharaditas (unos 20 g) de carne de cangrejo cocida

½ aguacate maduro, a láminas finas

12 tiras de cebollino

6 bastoncitos de zanahoria, de unos 9 cm de largo y 5 mm de ancho

1 cucharadita de Salsa picante (*véase* p. 171, opcional)

PARA SERVIR (OPCIONAL)

salsa de soja

pasta *wasabi*

1 Siga los pasos 1-3 de la página 58.

2 Disponga dos pares de judías verdes a lo largo del borde de la capa de arroz más cercano a usted y cúbralo con la mitad del aguacate, el cebollino y la zanahoria.

3 Extienda la mitad de la salsa picante sobre el relleno, si la usa.

4 Enrolle y acabe el maki como se muestra en el paso 4 de la página 58.

5 Repita todos estos pasos con el resto de ingredientes.

6 Sirva con salsa de soja y pasta *wasabi* para mojar, si lo desea.

Variante: varíe de verduras: utilice calabacín o calabaza cocida, o incluso fideos soba como relleno. ¡Sea imaginativo! Utilice *furikake* o semillas de lino en lugar de semillas de sésamo.

Cómo hacer *temaki* Los *temaki* o rollitos de mano son una manera facilísima de empezar con el *sushi*. Enróllelos y tómelos al momento como si fueran conos de helado.

PARA 2 *TEMAKI*

1 lámina de alga *nori*

100 g (2 puñaditos) de Arroz fácil a la japonesa (*véase* p. 44)

el relleno de su elección (*véase* p. 64 para inspirarse)

1 Ponga la lámina de *nori* sobre una tabla limpia con las líneas en sentido vertical. Doble la lámina por la mitad a lo largo y corte por el doblez para obtener 2 rectángulos.

2 Disponga los otros ingredientes alrededor y coloque un bol con agua caliente al lado. Mójese los dedos en el agua y presione la mitad del arroz sobre la mitad inferior de la lámina de *nori*.

3 Disponga el relleno elegido sobre el arroz, en diagonal.

4 Levante el extremo inferior izquierdo de la lámina y dóblela hacia la esquina opuesta en diagonal para darle forma de cono. Sujete el extremo más estrecho del cono (mitad izquierda) y siga enrollando apretando hacia la esquina superior izquierda de la lámina *nori*. Moje el margen de la lámina para sellar el cono. Repita los pasos 2-4 para hacer el segundo *temaki*.

- 143 calorías
- 2,1 g grasas saturadas

Temaki de salmón

Ponga en práctica la técnica que se describe en la página 62 con este relleno de salmón. Cuando la haya aprendido, puede utilizarla con cualquier otro relleno para *sushi.*

Salen 4 *temaki*

2 láminas de alga *nori*, cortadas por la mitad a lo largo (*véase* p. 62, paso 1)

unos 200 g (4 puñaditos) de Arroz fácil a la japonesa (*véase* p. 44)

½ cucharadita de pasta *wasabi*

4 bastoncitos de pepino, de unos 12 cm de largo y 5 mm de ancho, pelado y sin semillas

150 g de filete de salmón sin piel, picado

½ aguacate, en láminas

1 cucharada de hojas de cilantro fresco

4 cucharadas de *tobiko* (opcional)

1 cucharada de semillas de sésamo, preferiblemente tostadas, o *furikake*

1 Prepare todos los ingredientes y dispóngalos alrededor de una tabla limpia. (Mejor aún si divide cada ingrediente en 4 montoncitos listos para meter en cada cono.) Disponga de un bol con agua caliente al lado.

2 Mójese los dedos en el agua y presione el arroz sobre la lámina de *nori* como se detalla en la p. 62, paso 2. Embadurne un poco de *wasabi* sobre el arroz.

3 Coloque un bastoncito de pepino en diagonal sobre el arroz desde la esquina superior izquierda. Ponga una cuarta parte del salmón, aguacate, cilantro y *tobiko* (si lo usa) encima, luego espolvoree con semillas de sésamo.

4 Enrolle la lámina *nori* con cuidado para darle forma de cono como se describe en la p. 62, paso 4.

5 Repita con el resto de ingredientes para preparar 3 conos más.

Información nutricional: el alga *nori* es rica en vitaminas, y su delicioso sabor la hace ideal como envoltorio gustoso.

- 134 calorías
- 0,8 g grasas saturadas

Sushi de salmón

No hace falta ser un experto para preparar ese tipo de *sushi* llamado *nagiri*: ni siquiera hace falta tener una esterilla de sushi. Solo se necesita pescado fresquísimo y un bol de arroz, y ¡manos a la obra!

Salen 6

80 g de filete de salmón muy fresco, sin piel y cortado en 6 finas láminas

pasta *wasabi*

80 g de Arroz fácil a la japonesa (*véase* p. 44)

PARA SERVIR

salsa de soja

jengibre encurtido

1 Prepare todos los ingredientes y dispóngalos alrededor de una tabla limpia. Coloque un bol de agua caliente al lado.

2 Extienda una lámina de salmón sobre la palma de una mano y úntela con un poco de *wasabi*.

3 Mójese los dedos en el bol de agua, luego tome un puñadito pequeño de arroz y presiónelo contra el salmón.

4 Con el dedo índice y el anular presione los lados del puñadito de arroz, mientras lo presiona por encima con el dedo corazón para darle forma rectangular. Presione los extremos para un buen acabado.

5 Coloque el *sushi* en un plato y repita con el resto del pescado y el arroz.

6 Sirva con salsa de soja y jengibre encurtido.

Variante: pruebe esta receta con lubina, atún o vieiras laminadas en lugar de salmón.

- 92 calorías
- 0,1 g grasas saturadas

Sushi de langostinos cocidos

Estos *nagiri* son ideales para los niños y embarazadas que no pueden comer pescado crudo.

2 raciones

6 langostinos grandes cocidos y pelados (unos 60 g), con la cola

80 g de Arroz fácil a la japonesa (*véase* p. 44)

pasta *wasabi*

PARA SERVIR

salsa de soja

jengibre encurtido

1 Prepare todos los ingredientes y dispóngalos alrededor de una tabla limpia. Coloque un bol de agua caliente al lado.

2 Corte la parte inferior de cada langostino para que quede plano al presionarlo. Extienda un langostino sobre la palma de una mano y úntelo por debajo con un poco de *wasabi*.

3 Mójese los dedos en el bol de agua, luego tome un puñadito pequeño de arroz y presiónelo contra el *wasabi*.

4 Con el dedo índice y el anular presione los lados del puñadito de arroz, mientras lo presiona por encima con el dedo corazón para darle forma rectangular. Presione los extremos para un buen acabado.

5 Coloque la pieza en un plato, con el langostino arriba, y repita con el resto de ingredientes. Sirva con salsa de soja y jengibre encurtido.

- 244 calorías
- 3,6 g grasas saturadas

Revuelto de gambas y *nori*

He aquí un plato fácil y saludable para una cena expeditiva o para cuando no se tiene tiempo. Es liviano pero saciante, sabroso y muy nutritivo.

2 raciones

1 cucharadita de aceite ligero, como el de cacahuete, para freír

100 g de langostinos crudos o cocidos, pelados, sin cola

4 cebolletas, troceadas

4 huevos camperos

3 cucharadas de salsa de soja

1 lámina de alga *nori*, cortada en tiritas finas (con tijeras)

1 Caliente una sartén, ponga el aceite y fría los langostinos y la cebolleta un par de minutos hasta que los langostinos cambien de color.

2 Bata los huevos con la salsa de soja y échelo a la sartén. Baje el fuego y deje cocer, removiendo, un par de minutos hasta que los huevos cuajen pero sigan cremosos.

3 Incorpore el alga *nori* y remueva de nuevo. Sirva en platos enseguida, para conservar la textura ideal.

- 198 calorías
- 3,6 g grasas saturadas

Tortilla japonesa

Una solución rápida y ligera para los días ocupados, esta tortilla es fácil de hacer y tiene muy buen sabor. Los huevos, siempre camperos, suelen formar parte del menú de itsu porque son ricos en proteínas y nutrientes, y bajos en calorías.

2 raciones

4 huevos camperos

1 cucharada de mirin

1 cucharada de salsa de soja

1 cucharadita de cebollino troceado, y un poco más para decorar

1 cucharadita de virutas de bonito (opcional)

1 cucharadita de aceite ligero, como el de cacahuete, para freír

salsa de soja, para mojar (opcional)

cebollino, para decorar

1 Rompa los huevos en un bol. Añada el *mirin*, la salsa de soja, el cebollino y las virutas de bonito (si las usa) y bata.

2 Caliente una sartén, ponga el aceite y extiéndalo con un papel de cocina para eliminar el que sobre.

3 Eche un cucharón de la mezcla a la sartén y ladéela suavemente para que recubra el fondo de la misma. Deje cocer unos segundos hasta que empiece a cuajar. Con una espátula, levante un lado de la tortilla y enróllela o dóblela hacia un extremo de la sartén.

4 Con la tortilla enrollada en la sartén, eche otro cucharón de la mezcla, al tiempo que levanta el primer rollo para que el huevo crudo pase por debajo. Deje cocer unos segundos hasta que cuaje un poco, luego enrolle esta tortilla sobre la primera. Repita el proceso hasta acabar la mezcla.

5 Pase a una tabla y corte en trozos gruesos para que se vean las capas. Sirva con salsa de soja para mojar, si lo desea, y decore con cebollino. También puede dejar que se temple, luego envolver el rollo para tomarlo frío como tentempié fuera de casa.

VERDURAS Y ENSALADAS

- 285 calorías (160 calorías más con pan plano)
- 2,6 g grasas saturadas (0,3 g más con pan plano)

Salmón asado con miso

Jugosos trozos de salmón asado sobre un lecho de verduras y aliñado con una cremosa salsa de hierbas. Se puede comer como ensalada frugal o sobre un pan plano, a modo de delicioso almuerzo para llevar. (Si opta por tomarlo con pan plano, desmigue el salmón sobre el resto de ingredientes.)

2 raciones

2 filetes de salmón sin piel, de unos 100 g cada uno

un buen puñado de judías verdes, despuntadas

un buen puñado de tirabeques

un puñadito de *edamame* (habas de soja)

2 puñados de hojas para ensalada, y zanahoria rallada o rábanos troceados para aportar textura crujiente (opcional)

3 cucharaditas de Aliño a las hierbas (*véase* p. 166)

pan plano o pan de pita, para servir (opcional)

2 cucharaditas de *furikake*, o semillas de sésamo, preferiblemente tostadas, o Semillas de calabaza tostadas para espolvorear (*véase* p. 171)

MARINADA

2 cucharadas de pasta miso

1 cucharadita de agua

1 cucharadita de salsa de soja

1 Precaliente el horno a 200 °C/ventilador 160 °C/gas 6.

2 Mientras, prepare el adobo mezclando todos los ingredientes para el mismo en un cuenco.

3 Ponga dos trozos de papel de aluminio, tamaño A4, sobre una superficie de trabajo y disponga un filete de salmón sobre cada uno. Unte ambos lados del salmón con el adobo y envuelva sin apretarlo con el aluminio. Póngalo en una fuente para el horno y áselo 8-10 minutos (si el filete es de la cola tardará menos que si es un trozo grueso).

4 Cueza al vapor o hierva las judías verdes, tirabeques y habas de soja durante 3 minutos.

5 Aliñe las hojas para ensalada, con la zanahoria o rábanos (si los usa), con el aliño a las hierbas.

6 Coloque la ensalada, verduras y salmón sobre 2 panes planos o panes de pita, espolvoree con las semillas de sésamo y enrolle. También puede dividir la ensalada en 2 platos, poner las verduras encima, colocar el salmón al lado y espolvorear con las semillas tostadas.

Información nutricional: con 1 cucharada de semillas de sésamo se cubre una décima parte de la cantidad diaria recomendada de calcio y magnesio.

- 131 calorías (160 calorías más con pan plano)
- 1,5 g grasas saturadas (0,3 g más con pan plano)

Ensalada de pollo ahumado superbaja en calorías

Esta es la opción más liviana de nuestra gama de ensaladas o bocadillos. De preparación rápida, esta sanísima receta es rica en proteínas gracias al pollo y el edamame.

2 raciones

150 g de pechuga de pollo ahumada, en rodajas

2 cucharadas de Salsa picante (*véase* p. 171)

100 g de edamame (habas de soja), alubias o judías verdes despuntadas

100 g de hojas para ensalada

4 cucharadas de Aliño a las hierbas (*véase* p. 166)

pan plano o pan de pita, para servir (opcional)

1 cucharada de cebollino picado

sal

Variante: también se puede usar pechuga de pollo a la parrilla en lugar de pollo ahumado. Si desea sumar proteínas, añada un huevo duro.

1 Aliñe las rodajas de pollo con la salsa picante.

2 Cueza las habas en agua con sal 3 minutos. Escurra y enfríe bajo el grifo.

3 Aliñe la ensalada y las vainas con el aliño de hierbas. Disponga sobre 2 panes planos o panes de pita, coloque el pollo sobre la ensalada, eche el cebollino por encima y enrolle. También puede dividir la ensalada aliñada en 2 platos, poner el pollo encima y decorar con el cebollino.

Arriba: Ensalada humilde con hummus (*véase* p. 80)
Abajo: Atún con salsa especiada

- 219 calorías (160 calorías más con pan plano o pan de pita)
- 1,4 g grasas saturadas (0,3 g más con pan plano o pan de pita)

Atún con salsa especiada

El atún es un pescado que recuerda a la carne, por lo que es ideal para llenarse sin pasarse con las calorías. El jengibre encurtido y la salsa picante le dan un toque picante muy acertado, y aportan a un ingrediente sencillo un delicioso sabor adicional.

2 raciones

100 g de *edamame* (habas de soja), guisantes o habas

150 g de atún en lata al natural, escurrido

1 cucharada de jengibre encurtido o 10 g (2 cm) de raíz de jengibre fresca, rallada

1 cucharada de cilantro, picado

1 cucharada de cebollino, picado

3 cucharadas de Salsa picante (*véase* p. 171)

un puñado de hojas para ensalada

1 zanahoria, cortada en bastoncitos

2 cucharadas de Aliño a las hierbas o Pesto asiático (*véase* p. 166)

sal

pan plano o pan de pita, para servir (opcional)

1 Cueza las habas o guisantes en agua con sal 3 minutos. Escurra y enfríelas bajo el grifo.

2 Mezcle el atún con el jengibre, el cilantro, el cebollino, la salsa picante y una pizca de sal.

3 Combine las hojas de ensalada con las zanahorias y aliñe con la salsa de hierbas o el pesto (si lo prefiere, puede poner el aliño aparte). Disponga la ensalada en un plato y coloque las verduras y la mezcla de atún encima. También puede ponerlo todo dentro de 2 panes planos o panes de pita y enrollarlo.

Variante: sirva sobre un lecho de arroz, o con un huevo duro si desea sumar proteínas. El atún especiado también puede servir de relleno para *maki* (*véanse* pp. 54 y 58).

Consejo: cuando use atún en lata, compruebe siempre su sostenibilidad. Busque marcas que se hallen en los primeros lugares de la guía que publica Greenpeace.

- 291 calorías
- 2 g grasas saturadas

Ensalada humilde con *hummus*

Hummus con especias y hierbas sobre un lecho de ensalada y con semillas crujientes por encima: un plato lleno de proteínas que es también ideal para bocadillos. Sirve además como tentempié saludable para mojar bastoncitos de zanahoria, pepino y apio.

2 raciones

150 g de *hummus* preparado bajo en grasas

1 cucharada de salsa picante *sriracha* o 1 cucharadita de copos de guindilla

1 cucharada de cebollino picado

1 cucharada de cilantro picado

100 g o un puñado grande de *edamame* (habas de soja)

2 puñados de hojas para ensalada

1 zanahoria, cortada en bastoncitos

un puñadito de tomates cereza

sal

15 g de Semillas de calabaza tostadas para espolvorear (*véase* p. 171)

pan plano o pan de pita, para servir (opcional)

1 Mezcle el *hummus* con la salsa picante y las hierbas.

2 Hierva el *edamame* en agua con sal durante 3 minutos, luego escurra y enfríe bajo el grifo.

3 Disponga las hojas para ensalada, la zanahoria y los tomates en platos pequeños, ponga el *edamame* encima y una cucharada de *hummus*. Espolvoree con las semillas de calabaza y sirva. También puede ponerlo todo en un pan plano y enrollarlo.

Información nutricional: las semillas de calabaza son ricas en cinc y omega 3.

- 216 calorías
- 2,9 g grasas saturadas

Ensalada de ternera con judías verdes y adobo de lima

Esta ensalada de inspiración asiática es crujiente, jugosa y de sabor intenso. Cocer la carne en agua es más sano que freírla y es más fácil dejarla en su punto. También es una buena manera de aprovechar las sobras del guiso del domingo.

2 raciones

100 g de filete de ternera o buey, de solomillo, redondo o falda, cortado en lonchas finas

100 g o un puñado de judías verdes, despuntadas, o tirabeques, o mezcla 50/50

100 g o un puñado de hojas de espinaca

100 g o un puñado de brotes de alubia

2 chalotas, troceadas

un buen puñado de albahaca, cilantro y menta mezclados, troceado

1 cucharada de cacahuetes salados, troceados

sal

MARINADA

2-3 cucharadas de zumo de lima

1 cucharadita de azúcar de palma

1 diente de ajo, rallado o picado

2 cucharadas de salsa de pescado

½ pimiento picante tailandés, troceado

1. En primer lugar, prepare la marinada combinando todos los ingredientes en un cuenco.
2. Ponga la carne en un bol, vierta agua hirviendo encima y deje reposar 30 segundos. Escurra y devuelva la carne al bol, cubra con la marinada y reserve.
3. Cueza las judías o tirabeques en abundante agua con sal durante 2 minutos. Escurra y enfríe bajo el grifo. Mezcle con las espinacas, brotes, chalotas y hierbas, y combínelo con la carne y la marinada. Espolvoree con los cacahuetes y sirva.

- 172 calorías (56 calorías más con cacahuetes)
- 0,6 g grasas saturadas (0,8 g más con cacahuetes)

Ensalada vietnamita de pollo

El año pasado, itsu cometió el error de eliminar esta ensalada del menú. La demanda de los clientes garantizó su regreso para quedarse dos días después. La combinación de hortalizas crujientes, pollo jugoso y fideos finos con aliño dulce, picante y sabroso acabado con cacahuetes es auténticamente vietnamita, y sabe tan bien como parece. Si desea reservar la segunda ración para el almuerzo o la cena del día siguiente, alíñela justo antes de consumirla.

2 raciones

15 g de fideos de arroz finos

100 g de pechuga de pollo cocida y desmenuzada

½ chalota, picada

¼ de col china o col, en juliana

un buen puñado de brotes de alubia

1 zanahoria, rallada o en bastoncitos

2 puñados de cilantro, albahaca y menta mezclados, troceados

2 cucharadas de cacahuetes, troceados (opcional)

1 tanda de Salsa dulce y picante (*véase* p. 167)

1 Deposite los fideos en un cuenco y cúbralos con agua hirviendo 3-5 minutos, o según las instrucciones del envase. Escurra y enfríe bajo el grifo, luego reserve.

2 Ponga el resto de ingredientes, excepto la salsa, en un bol grande y remueva bien. Añada los fideos, deshaciendo con cuidado los nudos.

3 Vierta la salsa sobre la ensalada y mezcle bien antes de servir.

Variante: pruebe esta receta con langostinos en lugar de pollo: una alternativa deliciosa (e igualmente ligera).

- 174 calorías
- 1,4 g grasas saturadas

Ensalada especial itsu

Con múltiples beneficios y aliñada con nuestra salsa picante, esta ensalada es tan saludable que querrá tomarla con todo. Se conserva bien, por lo que puede prepararse con antelación, y es ideal para llevarla al trabajo.

2 raciones como plato principal o 4 como entrante

25 g de fideos de arroz finos
100 g de *edamame* (habas de soja)
una buena pizca de *wakame* deshidratada
2 zanahorias, ralladas o laminadas con un pelador de verduras
20 g de mezcla de cilantro, albahaca y menta, troceados
20 g de rúcula
10 g de semillas de calabaza
2 cucharaditas de semillas de sésamo, preferiblemente tostadas
100 g de tofu firme, en dados
2 cucharadas de Salsa picante (*véase* p. 171)

Información nutricional: las zanahorias son una fuente rica de vitamina A, importante para un sistema inmune sano; el *edamame* (habas de soja) y el tofu contienen proteínas de gran calidad y mantienen un equilibrio hormonal sano.

1 Deposite los fideos en un cuenco y cúbralos con agua hirviendo 3-5 minutos, o según las instrucciones del envase. Escurra y enfríe bajo el grifo, luego reserve.

2 Cueza las habas de soja en agua hirviendo 3 minutos, luego escurra y enfríe bajo el grifo.

3 Remoje el *wakame* en agua fría 5 minutos, luego escurra.

4 Disponga los fideos en un bol, añada el *wakame*, la zanahoria, las hierbas, la rúcula, las semillas, el tofu y las habas y mezcle bien.

5 Sirva la ensalada con la salsa picante.

- 87 calorías (34 calorías más con semillas de sésamo)
- 0,4 g grasas saturadas (0,6 g más con semillas de sésamo)

Ensalada crujiente con aderezo de sésamo

Las ensaladas deben ser divertidas, fáciles y creativas, y esta colorida mezcla de hortalizas con salsa cremosa de sésamo encaja con la definición. Es ideal para llevarse al trabajo, y es una buena manera de aprovechar lo que se tenga en el frigorífico, pero procure utilizar ingredientes que mantengan su punto crujiente, como zanahorias, rábanos, apio y pimientos.

2 raciones

100 g de hojas para ensalada

1 zanahoria, rallada o cortada en bastoncitos finos

1 pimiento rojo o verde, sin semillas y en bastoncitos

1 rama de apio, troceadas

un puñadito de rábanos, partidos por la mitad

3 cucharadas de Salsa de sésamo (*véase* p. 168)

1 cucharada de semillas de sésamo, preferiblemente tostadas, para servir (opcional)

1 Ponga todos los ingredientes (excepto la salsa y las semillas) en un bol. Añada la salsa de sésamo y mezcle bien. Espolvoree con las semillas de sésamo, si las usa, y sirva.

- 151 calorías
- 1,4 g grasas saturadas

Ensalada de tofu y *wakame* con aderezo de miso

Esta es una excelente manera de aprovechar las hortalizas que queden en el frigorífico, como apio, zanahorias y brotes de alubia. La vinagreta cremosa las convertirá en un plato realmente especial.

2 raciones

½ pepino, cortado en dados

un puñadito de tomates cereza, partidos

½ pimiento verde, sin semillas y troceado

un puñadito de rábanos, partidos

1 cebolleta, troceada

100 g de tofu firme, en dados

2 cucharadas de *wakame* deshidratada, remojada en agua fría 5 min y escurrida

1 tanda de Aderezo de miso (*véase* p. 168)

1 cucharadita de aceite de sésamo

1 cucharada de semillas de sésamo, preferiblemente tostadas, para servir

1 Ponga todos los ingredientes en un bol con el tofu y el *wakame*. Incorpore el aderezo y el aceite de sésamo y mezcle con cuidado. Sirva con semillas de sésamo por encima.

Consejo: en itsu, encontrará *wakame* en diversas sopas y ensaladas. Para prepararla, solo hace falta remojar las hojas secas en agua fría unos minutos para que se rehidraten.

Información nutricional: además de su delicioso sabor, el *wakame* contiene fucoxantina, que ayuda a quemar depósitos de grasa.

- 220 calorías
- 2,4 g grasas saturadas

Ensalada de zanahoria y judías con semillas tostadas

Una ensalada colorida y crujiente, que puede tomarse como plato único ligero o acompañando un plato principal, como el Pollo *teriyaki* (*véase* p. 120). Si no ha probado el aliño de chalotas, prepárese porque le va a encantar, y esta receta es la excusa ideal para preparar una buena cantidad y guardarla en el frigorífico.

2 raciones

150 g de judías verdes, despuntadas

100 g de *edamame* (habas de soja)

20 g de semillas de calabaza y girasol mezcladas

1 cucharada de salsa de soja

150 g de zanahoria, cortada en láminas con un pelador de verduras

1-2 cucharadas de Aliño de chalotas (*véase* p. 172)

sal

1 Cueza las judías verdes y el *edamame* en agua hirviendo con sal 2 minutos. Escurra y enfríe bajo el grifo.

2 Caliente una sartén. Tueste las semillas, removiéndolas de vez en cuando, durante 1 minuto, o hasta que empiecen a dorarse. Añada la salsa de soja y apague el fuego. Burbujeará y se evaporará para formar una capa salada sobre las semillas, parecida al guirlache.

3 Ponga las zanahorias, judías y *edamame* en un bol y mezcle con el aliño. Sirva con las semillas tostadas por encima.

- 242 calorías
- 1,1 g grasas saturadas

Ensalada de fideos *soba*

La combinación de fideos blandos y hortalizas crujientes con un toque picante define esta ensalada saciante pero saludable. Queda deliciosa con semillas de sésamo por encima.

2 raciones

90 g de fideos soba

4 cucharadas de Salsa de sésamo (*véase* p. 168)

10 g o 2 cm de raíz de jengibre, rallada

1 pimiento picante tailandés, sin semillas y troceado

un puñadito de cilantro, troceado

¼ de pepino, troceado

2 cebolletas, troceadas

100 g de rábanos, en rodajas

sal

1 cucharada de semillas de sésamo, preferiblemente tostadas, para servir

Información nutricional: la tahina (pasta de semillas de sésamo), ingrediente de la salsa de sésamo, contiene vitamina E, un importante antioxidante que protege contra el daño celular.

1 Cueza los fideos *soba* en 1,5 litros de agua hirviendo con sal durante 7 minutos. Escurra y enfríe bajo el grifo. Deje templar.

2 Ponga los fideos fríos en un bol, agregue la salsa de sésamo y el resto de ingredientes, excepto las semillas de sésamo, y mezcle bien.

3 Reparta la ensalada en 2 platos y espolvoree con las semillas de sésamo para servir.

- 26 calorías
- trazas de grasas saturadas

Pepino encurtido con jengibre

Este encurtido, simple y rápido, sabe bien con cualquier cosa. Sírvalo como toque final de un *potsu*, con arroz o fideos, o para completar una ensalada. También es ideal como parte de una comida en fiambrera, estilo *bento*, con Caballa con salsa dulce de *mirin* (*véase* p. 154). Cuesta creer que algo tan sabroso sea tan bajo en calorías, además una ración cuenta como una de las cinco de fruta y verdura diarias.

4 raciones

2 cucharadas de salsa de soja

2 cucharadas de vinagre de arroz

1-2 cucharaditas de azúcar o alternativa

½ pepino, pelado y cortado por la mitad a lo largo

10 g de 2 cm de jengibre fresco, en rodajas

Variante: Otras hortalizas que se pueden encurtir son las zanahorias, hinojo, apio y rábano.

1 Mezcle la salsa de soja, vinagre y azúcar en un bol.

2 Con una cucharilla, rasque y deseche las semillas del pepino. Córtelo en rodajas finas.

3 Corte las rodajas de jengibre en tiritas.

4 Incorpore el pepino y el jengibre a la mezcla de soja y refrigérelo al menos 30 minutos antes de comer.

- 134 calorías
- 1,2 g grasas saturadas

Bolas de espinaca con salsa de sésamo

Las espinacas son un superalimento rico en hierro, ácido fólico y vitamina A. La salsa de sésamo la enriquece aún más nutricionalmente, ya que es una fuente excelente de ácidos grasos esenciales, magnesio y calcio.

2 raciones

400 g de espinacas

3 cucharadas de Salsa de sésamo (*véase* p. 168)

2 cucharaditas de semillas de sésamo, preferiblemente tostadas, para servir

Variante: pueden usarse berros en lugar de espinacas, todavía más ricos en hierro.

1 Cueza las espinacas en abundante agua hirviendo 1-2 minutos, hasta que se marchiten bien. Escurra y enfríe bajo el grifo, luego presiónelas con las manos para que queden lo más secas posible.

2 Divida las espinacas en dos mitades y forme dos bolas. Sirva con la salsa de sésamo por encima, y espolvoree con semillas de sésamo para darles un toque crujiente.

- 101 calorías
- 1,4 g grasas saturadas

Ensalada de pepino, sésamo y cebolleta

Fresca, ligera y vistosa, esta ensalada es un excelente acompañamiento para todo tipo de platos. Pruébela con el *Yakitori* de pollo y puerro o el Salmón *teriyaki* (véanse pp. 116 y 136).

2 raciones

½ pepino, sin semillas y cortado en tiras

2 cebolletas pequeñas, troceadas

2 cucharaditas de vinagre de arroz

1 cucharadita de *mirin*

1 cucharada de aceite de sésamo

½ pimiento picante tailandés, troceado

una pizca de sal

1 cucharada de cilantro troceado

1 cucharada de semillas de sésamo, preferiblemente tostadas

1 Disponga las tiras de pepino en un plato y esparza la cebolleta por encima.

2 Mezcle el vinagre, el *mirin*, el aceite de sésamo, el pimiento y la sal y vierta la mezcla sobre el pepino. Espolvoree con el cilantro y las semillas de sésamo antes de servir.

Información nutricional: un trozo de 5 cm de pepino cuenta como una ración de las cinco diarias de fruta y verdura.

»

- 275 calorías (22 calorías más con semillas de sésamo)
- 2,7 g grasas saturadas (0,4 g más de grasas saturadas con semillas de sésamo)

Brócoli «bimi» con salsa de sésamo

Delicioso servido caliente, este plato también se puede tomar frío, por ejemplo, como parte de un picnic veraniego. La salsa de sésamo es una de las favoritas de itsu y combina a la perfección con todo tipo de hortalizas de hoja verde y legumbres al vapor o hervidas.

2 raciones

200 g de cabezuelas de brócoli «bimi»

1 tanda de Salsa de sésamo (véase p. 168)

2 cucharaditas de semillas de sésamo, preferiblemente tostadas, para servir (opcional)

Información nutricional: cocer brevemente las verduras al vapor conserva más nutrientes y aporta el máximo beneficio de sus antioxidantes, ácido fólico y fibra.

1 Cueza al vapor el brócoli 3 minutos, o hiérvalo 2 minutos, hasta que quede tierno. Escurra si es necesario, y páselo a un plato.

2 Vierta la salsa de sésamo sobre el brócoli y espolvoree con las semillas de sésamo, si las usa, para servir.

- 63 calorías
- 0,6 g grasas saturadas

Brócoli no muy picante

Se trata de un plato popular servido en itsu. Este brócoli también se puede comer con los dedos como tentempié ligero y saludable, o para acompañar el Filete en adobo de miso (*véase* p. 127).

2 raciones

200 g de brócoli «bimi»

1 cucharadita de aceite ligero, como el de cacahuete, para freír

1 pimiento picante tailandés, sin semillas y troceado

1 diente de ajo, rallado o troceado

20 g o 4 cm de raíz de jengibre, rallada

1 cucharada de salsa de soja

sal en escamas

1 Cueza el brócoli al vapor 3 minutos, o en agua hirviendo 2 minutos, hasta que quede un poco tierno. Escúrralo si es necesario y páselo a un plato.

2 Caliente un wok o sartén honda y añada el aceite. Fría el pimiento, el ajo y el jengibre durante 1 minuto, removiendo bien. Incorpore el brócoli y la salsa de soja y mezcle.

3 Sirva el brócoli y la salsa calientes con sal en escamas por encima.

- 249 calorías
- 4,4 g grasas saturadas

Ensalada de tomate, tofu y aguacate con aderezo tipo *yuzu*

Esta es la versión no láctea que itsu ofrece de la ensalada de tomate y mozzarella: más sana y ligera que la receta clásica italiana. Sírvala a temperatura ambiente para disfrutar del mejor sabor.

2 raciones

1 aguacate maduro, sin hueso y en láminas

200 g de tomates dulces pequeños o tomates cereza, partidos por la mitad

60 g (unas 6 cucharadas) de tofu blando, desmenuzado en trozos

2 cucharadas de hojas de albahaca y menta

½ tanda de Aderezo tipo *yuzu* (v. p. 170)

pimienta negra

1 Disponga el aguacate y los tomates en una fuente.

2 Reparta por encima los trozos de tofu y espolvoree con las hierbas y la pimienta.

3 Aliñe con el aderezo antes de servir.

Información nutricional: los aguacates son ricos en vitamina E, que protege del daño celular.

- 96 calorías (34 calorías más con semillas de sésamo)
- 0,4 g grasas saturadas (0,6 g más con semillas de sésamo)

Berenjena asada con miso

El miso es un componente básico de la gastronomía japonesa y un ingrediente increíblemente versátil en la cocina. Se reconoce ahora como un aderezo *umami*, que añade intensidad de sabor a platos sin que se le identifique en ellos. Esta receta es deliciosa si se toma caliente con arroz, o a temperatura ambiente al día siguiente.

2 raciones

1 berenjena, en rodajas de 1 cm

1 cucharadita de aceite ligero, como el de cacahuete, para untar

un manojito de cilantro, troceado

1 cucharada de semillas de sésamo, preferiblemente tostadas, para espolvorear (opcional)

SALSA

1½ cucharada de miso

2 cucharadas de *mirin*

1 cucharada de sake

10 g o 2 cm de jengibre fresco, rallado

2 cebolletas, troceadas

1 Precaliente el horno a 200 °C/ventilador 180 °C/gas 6.

2 Para la salsa, mezcle el miso, el *mirin* y el sake en un cuenco grande para obtener una pasta suave. Integre el jengibre y la cebolleta.

3 Añada las rodajas de berenjena al bol y deje que se impregnen de la salsa.

4 Unte una fuente de hornear con el aceite y disponga la berenjena sobre la misma en una sola capa para que se ase por igual. Hornee 20 minutos, o hasta que quede tierna y algo dorada. Si la berenjena parece secarse, salpíquela con un poco de agua.

5 Sirva con el cilantro y las semillas de sésamo, si desea un toque crujiente, por encima.

- 238 calorías (34 calorías más con semillas de sésamo; el alga *nori* apenas aporta)
- 2,2 g grasas saturadas (0,6 g más con semillas de sésamo; *nori* 0 g)

Espárragos a la parrilla con salsa holandesa de miso y huevo escalfado

La dieta japonesa contiene relativamente pocos productos lácteos, pero ocasionalmente incluye una salsa del estilo. La salsa holandesa de miso se elabora sin mantequilla, pero es cremosa como la salsa francesa clásica. Para una comida más sustanciosa, sirva los espárragos sobre un lecho de arroz a la japonesa para obtener un plato principal vegetariano.

2 recetas

300 g de espárragos

2 cucharaditas de aceite ligero, como el de cacahuete, para rociar

una pizca de sal

2 huevos camperos

1 cucharada de *furikake* o semillas de sésamo, preferiblemente tostadas, y/o alga *nori* en tiritas, para servir (opcional)

1 tanda de Salsa holandesa de miso (*véase* p. 170)

pimienta negra

Información nutricional: los espárragos llevan incluso más ácido fólico que el brócoli.

Variante: este plato puede elaborarse con otras verduras de temporada, como brócoli «bimi», zanahorias y puerros «baby».

1 Caliente la parrilla a la máxima potencia.

2 Rompa y deseche los extremos inferiores duros de los espárragos. Disponga los espárragos sobre una fuente para el horno y rocíelos con aceite. Espolvoree con sal y remuévalos para que se impregnen.

3 Dore 8 minutos, comprobando las verduras a media cocción y dándoles la vuelta para que se hagan por igual.

4 Cueza los huevos en agua hirviendo 3 minutos para que la clara se cuaje pero la yema quede líquida.

5 Sirva los espárragos en platos y ponga un huevo sobre cada ración. Espolvoree con las semillas y/o el alga *nori* (si la utiliza), condimente con la pimienta y presente aparte la salsa holandesa de miso.

- 189 calorías
- 2 g grasas saturadas

Tofu frito con *teriyaki* picante y ensalada

Dados calientes de tofu recubiertos de salsa de jengibre servidos sobre un lecho de ensalada: un plato ligero pero saciante. También es una opción excelente para vegetarianos, porque es rico en proteínas «buenas» gracias al tofu.

1 ración como plato principal o 2 como entrante

100 g de tofu firme, partido por la mitad

1 cucharadita de aceite ligero, como el de cacahuete, para freír

un buen puñado de hojas variadas para ensalada

un buen puñado de brotes de judías

un puñadito de tomates cereza, partidos por la mitad

1 cucharada de *furikake* o semillas de sésamo, preferiblemente tostadas, o semillas de calabaza, o una mezcla de los tres

ALIÑO

2 cucharadas de Salsa *teriyaki* con jengibre (*véase* p. 169)

1 cucharadita de salsa picante *sriracha*

1 cucharada de aceite de sésamo

1 Disponga los trozos de tofu sobre un plato y séquelos con cuidado mediante un papel de cocina.

2 Caliente bien una sartén antiadherente. Eche el aceite, fría el tofu durante un minuto por cada lado, hasta que se dore. Retire de la sartén y deje templar ligeramente antes de cortarlo en dados grandes.

3 Prepare el aliño mezclando todos sus ingredientes en un bol.

4 Ponga las hojas de ensalada, los brotes y los tomates en platos y coloque el tofu encima. Rocíe con el aliño y espolvoree las semillas para servir.

Información nutricional: los brotes de judía contienen hierro, bueno para la sangre. Para obtener más antioxidantes, espolvoree el plato acabado con semillas de granada. (Las semillas de media granada, repartidas en 2 platos, suman 15 calorías por ración, pero no aportan grasas saturadas.)

- 151 calorías
- 1 g grasas saturadas

Edamame picante

Se trata de un buen tentempié para servir en un bol y compartir. Simplemente cueza las vainas enteras, luego tire de ellas entre los dientes para que salgan las habas de soja que se esconden en su interior. La cocción al vapor conserva mejor los nutrientes que la cocción en agua hirviendo. Es ideal hacerla con una vaporera de bambú, aunque no es esencial.

2 raciones como entrante o 4 como tentempié

200 g de *edamame* (habas de soja) con vainas

1 cucharadita de aceite ligero, como el de cacahuete, para freír

1 pimiento picante tailandés, troceado

1 diente de ajo, rallado o picado

20 g o 4 cm de jengibre fresco, picado

1 cucharada de salsa de soja

Sal en escamas, para servir (opcional)

1 Cueza al vapor el *edamame* 3 minutos, o cuézalo en agua hirviendo 2 minutos. Escurra bien.

2 Caliente un wok o sartén honda y eche el aceite. Fría el pimiento, el ajo y el jengibre durante 1 minuto, removiendo bien. Incorpore las vainas cocidas y la salsa de soja y saltéelo junto.

3 Pase a un bol y sirva las vainas y la salsa calientes, espolvoreadas con sal en escamas, si lo desea.

- 274 calorías
- 1,1 g grasas saturadas

Tempura de verduras

He aquí una manera fácil y divertida de preparar las verduras de temporada. El secreto de un rebozado tempura ligero radica en calentar el aceite suficientemente y freír las verduras en tandas pequeñas. Cuanto más caliente esté el aceite, menos absorberá la masa, y por tanto, más saludable será el resultado. Aumente las cantidades de la receta y sirva el tempura con salsa *ponzu* para ofrecer un magnífico tentempié festivo. Nótese que el aceite de freír puede reutilizarse; déjelo templar y cuélelo, luego guárdelo en un recipiente hermético.

2 raciones

1 berenjena pequeña (unos 300 g)

200 g de espárragos

8 cebolletas pequeñas, con los extremos cortados

unos 800 ml de aceite de girasol, para freír

1 tanda de Salsa *ponzu* (*véase* p. 169), para servir

REBOZADO

100 g de harina

25 g de maicena

1 cucharadita de levadura en polvo

½ cucharadita de sal

200-250 ml de agua con gas fría

1 Corte la berenjena por la mitad a lo largo y luego en semicírculos de 5 mm.

2 Rompa los extremos duros de los espárragos. Parta el resto por la mitad a lo largo y luego en bastones más cortos.

3 Corte la cebolleta en bastones.

4 Para la pasta del rebozado, tamice las harinas y la levadura en un bol e incorpore la sal. Agregue el agua y remueva para obtener una pasta suave con la consistencia de una crema ligera. Añada más agua si hace falta.

5 En una sartén honda, caliente el aceite a 180 °C, o hasta que al echar una cucharadita de pasta a la sartén se fría y empiece a dorarse inmediatamente.

6 Caliente un plato y cúbralo con papel de cocina.

7 Eche un puñado de verduras en la pasta, luego con cuidado húndalas, trozo a trozo, en el aceite caliente. Fríalas durante menos de un minuto, hasta que la masa se hinche y se dore. Con pinzas, páselas al plato preparado. Repita hasta cocer todas las verduras.

8 Sirva el tempura caliente, con la salsa *ponzu* en un bol para mojar.

- 132 calorías
- 0,2 g grasas saturadas

Verduras encurtidas con algas y *edamame*

Las algas marinas japonesas son ingredientes preciados: bajos en grasas y de bellos y variados colores, texturas y sabores. Se pueden adquirir deshidratadas en paquetes, de modo que se conservan bien y solo se tarda unos minutos en prepararlas. Si no tiene manera de comprarlas, utilice *wakame*: se beneficiará igualmente de los maravillosos nutrientes marinos.

2 raciones

un puñado de algas marinas secas (disponibles por internet o en tiendas de comida japonesas, *véase* p. 188)

50 g de *edamame* (habas de soja), frescas o congeladas

1 zanahoria, cortada en láminas con un pelador de verduras

1 rama de apio, troceada

un puñadito de rábanos, a cuartos

20 g o 4 cm de raíz de jengibre, o 1 cucharada de jengibre encurtido, a rodajas

SALMUERA

3 cucharadas de *mirin*

3 cucharadas de vinagre de arroz

1 cucharadita de azúcar o alternativa

1 cucharadita de sal

1 Ponga las algas deshidratadas en un bol de agua caliente y déjelas en remojo 10 minutos.

2 Mientras, prepare el jugo del encurtido. Caliente el *mirin* en un cazo hasta que rompa a hervir. Agregue el resto de ingredientes para la salmuera y deje cocer 1 minuto, hasta que el azúcar y la sal se disuelvan. Vierta en un bol grande y deje templar.

3 Si usa habas de soja frescas, cuézalas 3 minutos en agua hirviendo; si son congeladas, vierta agua hirviendo encima y déjelas en remojo 3 minutos. Escurra y enfríe bajo el grifo.

4 Escurra las algas y añádalas, con el resto de verduras y el jengibre, al jugo de encurtido. Remueva, tape y refrigere hasta 24 horas, pero un mínimo de 15 minutos.

5 Sirva enseguida para disfrutar de una textura crujiente, o conserve en el frigorífico hasta que lo desee.

CARNES

- 182 calorías
- 3 g grasas saturadas

Minihamburguesas tailandesas

Estas graciosas hamburguesitas, que se pueden comer con los dedos, son ideales para un picnic, resultan un entrante fácil o son perfectas para picar en una fiesta. Sírvalas con salsa dulce picante.

4 raciones

200 g de carne de cerdo picada

½ tallo de caña santa, picado

2 hojas de lima, troceadas

½ diente de ajo, rallado o picado

10 g o 2 cm de raíz fresca de jengibre, rallada

1 pimiento picante tailandés, picado

raspadura de ½ lima

un manojito de cilantro, picado, y unas ramitas para decorar

½ cucharadita de sal

1 huevo campero, batido

harina, para espolvorear

1 cucharada de aceite ligero, como el de cacahuete, para freír

1 tanda de Salsa dulce y picante (*véase* p. 167)

pimienta negra

1 Ponga la carne de cerdo en un bol y añada la caña santa, las hojas de lima, el ajo, el jengibre, el pimiento, la raspadura de lima, el cilantro y la sal. Sazone con pimienta y, con una cuchara o las manos, mezcle bien los ingredientes.

2 Añada la mitad del huevo batido para ligar la masa, y añada el resto si parece un poco seca.

3 Forme 12 bolitas con la masa de carne y luego aplánelas. Póngalas en un plato y refrigérelas 10 minutos.

4 Espolvoree harina sobre un platito y condiméntela con sal y pimienta. Pase por la harina las hamburguesas, por ambos lados.

5 Caliente una sartén grande y eche el aceite. Fría las hamburguesas en tandas de 4 a 6, según el tamaño de la sartén, durante 3-4 minutos por lado. Pase las hamburguesas fritas a un plato caliente y siga friendo el resto.

6 Sirva con ramitas de cilantro y con un bol de salsa dulce y picante para mojar.

- 271 calorías (5 calorías más si se añade sake a la salsa)
- 2,1 g grasas saturadas

Yakitori de pollo y puerro

Yakitori significa literalmente «pollo ensartado». Es muy fácil de preparar en la parrilla, pero es aún mejor a la barbacoa. ¡Y a los niños les encanta! Si utiliza pinchos de madera, acuérdese de remojarlos en agua durante unos 20 minutos antes de montarlos para que no se quemen al cocerlos. Quedan estupendos acompañados de arroz o ensalada.

4 raciones

400 g de muslos de pollo sin hueso y sin piel, cortados en dados

3 puerros, cortados en trozos de 3 cm

1 tanda de Salsa *teriyaki* con jengibre (*véase* p. 169), más 1 cucharada de sake (opcional)

sal y pimienta negra

pimienta *shichimi* o copos de guindilla seca, para servir (opcional)

Variante: se pueden utilizar espárragos, tomates cereza u otras hortalizas verdes en lugar de pollo.

1 Caliente la parrilla al máximo.

2 Mientras, ensarte los trozos de pollo y puerro alternadamente en 4 pinchos. Salpimiéntelos y cueza a la parrilla 5-7 minutos por lado.

3 Pase los pinchos a un plato o fuente de servir y vierta o pinte con la salsa. (El sake aporta un delicioso sabor, pero puede prescindir de él si no desea las calorías adicionales o si va a servir el plato a niños.)

4 Espolvoree con pimienta *shichimi* o copos de guindilla, si la utiliza, y sirva enseguida.

- 257 calorías
- 8,2 g grasas saturadas

Curry verde tailandés con pollo y judías

Una cena facilísima, ligera y saludable. Sirva con arroz blanco o integral (*véanse* pp. 44-45) para completar el plato.

4 raciones

1 cucharada de aceite ligero, como el de cacahuete, para freír

400 g de muslos de pollo sin hueso y sin piel, cortados en trozos tamaño bocado

2 cucharadas de pasta de curry verde tailandés

2 chalotas, picadas

1 cucharadita de salsa de soja

1 cucharadita de salsa de pescado

200 ml de leche de coco

200 g de judías verdes, despuntadas

2 cucharadas de cilantro y albahaca picados, para servir

Variante: utilice espárragos, brócoli o tirabeques en lugar de judías verdes.

1 Ponga el aceite en una sartén a fuego alto. Cuando esté caliente, fría brevemente los trozos de pollo hasta que empiecen a dorarse.

2 Añada la pasta de *curry* y remueva para recubrir el pollo. Fría otro minuto, luego añada las chalotas, la salsa de soja y la salsa de pescado.

3 Incorpore la leche de coco y mezcle bien. Lleve a ebullición y deje cocer 10 minutos.

4 Añada las judías y un chorrito de agua si la salsa parece reducida. Tape y deje cocer 5 minutos más, hasta que las judías estén tiernas.

5 Sirva con cucharón en un cuenco y espolvoree con las hierbas.

- 217 calorías
- 1,8 g grasas saturadas

Pollo *teriyaki*

Para esta receta, también se pueden utilizar pechugas en lugar de muslos, pero entonces hay que reducir un poco el tiempo de cocción. Es deliciosa servida sobre un lecho de arroz tipo *Momofuku* y acompañado de Pepino encurtido con jengibre (*véanse* pp. 42 y 93).

2 raciones

1 cucharada de aceite ligero, como el de cacahuete, para freír

200 g de muslos de pollo sin hueso y sin piel

1 tanda de Salsa *teriyaki* con jengibre (*véase* p. 169)

1 cucharada de semillas de sésamo, preferiblemente tostadas, para servir

1 Caliente la parrilla al máximo.

2 Unte el pollo con un poco de aceite y dórelo a la parrilla unos 5 minutos por lado.

3 Corte el pollo en trozos grandes y vierta la salsa por encima. Espolvoree con semillas de sésamo para servir.

- 256 calorías
- 1,8 g grasas saturadas

Barquitos de ensalada de filete *teriyaki*

No hace falta tenedor ni cuchillo para comerlos: basta con enrollar la hoja de lechuga y comer los barquitos con las manos. Sirva estos coloridos bocados como entrante, tentempié o como canapés para acompañar las copas en una fiesta.

2 raciones

2 cucharaditas de aceite ligero, como el de cacahuete, para freír

100 g de filete o redondo de ternera, en rodajas

4 hojas de lechuga tipo iceberg o cogollo

¼ de pepino, en dados pequeños

un puñadito de rábanos, en tiritas cortadas a lo largo

½ cebolla roja, en juliana

un puñadito de cilantro, picado

1 tanda de Salsa *teriyaki* con jengibre (*véase* p. 169)

sal y pimienta negra

Información nutricional: compre cantidades pequeñas de partes más caras de ternera, como el solomillo, que es bajo en grasas saturadas y fuente rica de hierro, contra la anemia.

1 Caliente una sartén hasta que esté bien caliente. Eche el aceite, fría la carne unos pocos minutos para que quede tierna por dentro. Pase a un plato y salpimiente.

2 Ponga las hojas de lechuga en un plato y llénelas con el pepino, rábanos, cebolla y cilantro. Salpimiente. Agregue los trozos de carne, añada la salsa y sirva.

- 148 calorías
- 1,4 g grasas saturadas

Ternera con ensalada de apionabo

El apionabo, como sugiere su nombre, sabe a apio, pero tiene aspecto de nabo. Es una hortaliza con protuberancias que hay que pelar con un cuchillo pequeño y afilado. Aquí se utiliza para una ensalada especiada y crujiente que acompaña unas lonchas de carne de ternera poco hechas, a modo de entrante elegante.

2 raciones

100 g de filete de ternera, redondo o solomillo

½ cucharadita de aceite ligero, como el de cacahuete, para freír

sal y pimienta negra

ENSALADA DE APIONABO

2 cucharadas de tofu blando

2 cucharadas de miso

1½ cucharadita de pasta *wasabi*

1 cucharadita de zumo de limón

½ apionabo, rallado

1 cucharada de cebollino y perejil picados

1 Salpimiente la ternera por ambos lados.

2 Ponga una sartén al fuego hasta que esté muy caliente. Eche el aceite, fría la carne 2 minutos por cada lado para que se forme una capa crujiente. Pase a un plato para templar.

3 Mezcle el tofu con el miso, el *wasabi* y el zumo de limón para obtener una pasta suave. Ponga el apionabo en un bol con el cebollino y el perejil, e incorpore la mezcla de tofu. Condimente con pimienta negra.

4 Corte la ternera en finas lonchas y dispóngala en platos con la ensalada de apionabo.

Información nutricional: el *wasabi* es antibacteriano, depurativo y rico en vitamina C. También favorece la digestión y se cree que estimula el apetito.

- 263 calorías
- 2,6 g grasas saturadas

Filete en adobo de miso

Marinar el filete con miso le da un intenso sabor *umami*. Sírvalo con Arroz fácil a la japonesa (*véase* p. 44) y Pepino encurtido con jengibre (*véase* p. 93) para completar un plato saludable.

2 raciones

2 filetes (redondo, solomillo o falda), de unos 150 g cada uno

ADOBO

2 cucharadas de miso

1 cucharada de sake

1 cucharada de *mirin*

2 cucharaditas de azúcar o alternativa

1 cucharada de pasta *wasabi*

1 Para el adobo, mezcle el miso con el sake en un cuenco grande para obtener una pasta suave. Incorpore el resto de ingredientes y remueva bien.

2 Ponga los filetes en el adobo y deles la vuelta unas cuantas veces para que se impregnen bien. Cúbralos y refrigérelos hasta 24 horas, pero un mínimo de 15 minutos.

3 Caliente bien una sartén. Eche el aceite, luego fría los filetes durante unos 2 minutos por lado, según el tamaño y lo hechos que le gusten.

4 Pase la carne a un plato, agregue el resto del adobo a la sartén vacía. Deje calentar unos segundos para que reduzca.

5 Corte los filetes a lonchas gruesas, eche la salsa por encima y sirva.

PESCADOS }

- 235 calorías, con Aliño a las hierbas; 275 calorías, con Pesto asiático
- 2,4 g grasas saturadas, con Aliño a las hierbas; 3,2 g, con Pesto asiático

Tártaro de salmón y atún

Esta receta de pescado crudo picado con potente *wasabi* y aliño de hierbas es fácil y colorida, y es un entrante espectacular. Vale la pena acudir a un buen pescadero para comprar el pescado más fresco posible.

2 raciones

1 cucharadita de semillas de sésamo, preferiblemente tostadas

1 cucharadita de pasta de *wasabi*

1 cucharadita de zumo de lima

1 cucharadita de aceite de sésamo

150 g en total de filete de salmón y atún sin piel, cortados en trocitos

1 tanda de Aliño a las hierbas o Pesto asiático (*véase* p. 166)

berros «baby» u otras hojas pequeñas, para servir

1 Ponga las semillas de sésamo, el *wasabi*, el zumo de lima y el aceite en un cuenco y mézclelo todo. Incorpore el pescado y con cuidado remueva para que se impregne de la salsa.

2 Sirva una cucharada grande de pescado en cada plato y vierta salsa o pesto a su alrededor. Decore con las hojas de berro.

- 153 calorías
- 1,7 g grasas saturadas

Salmón marcado con salsa nuevo estilo

Los chefs de *sushi* modernos marcan el pescado para añadir profundidad de sabor. Utilizan un soplete, pero también se puede utilizar una sartén antiadherente muy caliente. El plato se sirve como *sashimi* en lonchas como entrante, o las piezas de salmón sin cortar como plato principal para dos acompañado de la Ensalada especial itsu (*véase* p. 84).

4 raciones pequeñas

1 cucharadita de aceite ligero, como el de cacahuete, para freír

200 g de filete de salmón sin piel

1 tanda de Salsa nuevo estilo (*véase* p. 167)

Consejo: antes de marcar el pescado, séquelo bien con papel de cocina: esto evita que se adhiera a la sartén.

PARA SERVIR

2 cebollinos, cortados en tiras de 10 cm

1 rodaja de jengibre fresco, de 10 cm, cortada en tiritas

semillas de sésamo, preferiblemente tostadas

1 Caliente muy bien una sartén antiadherente. Eche el aceite y marque el salmón durante 1 minuto por cada lado, hasta que la parte exterior se dore pero el centro siga rosa. Pase a un plato para templar.

2 Cuando vaya a servir el plato, corte el salmón en finas lonchas y dispóngalo en platos.

3 Vierta la salsa sobre el pescado, decore con el cebollino y el jengibre y espolvoree las semillas de sésamo por encima.

- 296 calorías
- 2,8 g grasas saturadas

Salmón a la plancha con guisantes al *wasabi*

Gracias a Nicola Formby por esta receta. Nicola trabajó incansablemente con itsu durante años para desarrollar recetas y deliciosas salsas, y este plato ha sido siempre uno de los más vendidos. ¡Bravo! En itsu lo servimos como *sashimi* (*véase* p. 13), pero también es perfecto como plato principal.

2 raciones

1 cucharadita de aceite ligero, como el de cacahuete, para freír

2 filetes de salmón sin piel, de unos 100 g cada uno

½ tanda de Salsa nuevo estilo (*véase* p. 167)

brotes de guisante, para decorar (opcional)

GUISANTES

150 g de guisantes finos frescos o congelados

2 cucharadas de Salsa picante (*véase* p. 171)

1 cucharadita de pasta *wasabi*

una pizca generosa de sal

½ cucharadita de pimienta negra

1 Primero hierva los guisantes en abundante agua con sal durante 2 minutos, luego escúrralos. Páselos a un cuenco y mézclelos con la salsa picante, el *wasabi*, la sal y la pimienta. Chafe la mezcla y reserve.

2 Caliente una sartén antiadherente al máximo. Eche el aceite, y dore el salmón 1 minuto por cada lado, hasta que por fuera esté tostado pero siga rosa por dentro. Páselo a un plato para que se temple.

3 Para emplatar, sirva los guisantes en platos y ponga los filetes de salmón encima. Vierta un poco de salsa nuevo estilo sobre cada ración y presente el resto aparte. Decore con brotes de guisante, si lo desea.

Información nutricional: los guisantes son ricos en hierro y fibra, incluida fibra soluble, buena para regular el colesterol.

Variante: se pueden usar habas de soja (*edamame*) o habas en lugar de guisantes. Cuézalas exactamente igual

- 270 calorías
- 2,1 g grasas saturadas

Salmón *teriyaki*

Nos gusta cocer el salmón de modo que quede algo crudo por dentro para que sepa más jugoso. Sirva este delicioso pescado sobre un lecho de Arroz a la japonesa con cebolleta y salsa de jengibre o con la Ensalada especial itsu (*véanse* las pp. 42 u 84) con la salsa espesa por encima.

2 raciones

1 tanda de Salsa *teriyaki* con jengibre (*véase* p. 169)

1 cucharadita de aceite ligero, como el de cacahuete, para freír

2 filetes de salmón sin piel, de unos 100 g cada uno

Información nutricional: el salmón es una buena fuente de omega 3, y si compra el salvaje contiene menos grasa que el de piscifactoría.

1 Caliente un poco la salsa en un cacito.

2 Caliente bien una sartén antiadherente, eche el aceite, luego fría los filetes de salmón 2-4 minutos por lado, según el grosor, hasta que estén dorados y crujientes por fuera pero aún rosados por dentro.

3 Sirva el salmón sobre un lecho de arroz o ensalada con la salsa por encima.

- 275 calorías
- 2,8 g grasas saturadas

Atún a la plancha con sésamo y salsa picante

El atún y las semillas de sésamo están hechos el uno para el otro. Este plato sanísimo y fácil de preparar queda más especial con la salsa picante de itsu. Es ideal acompañado de una ensalada de hojas de gusto intenso, como la rúcula o el *mizuna*, aliñadas con un chorrito de aceite de sésamo o Aderezo tipo *yuzu* (*véase* p. 170).

2 raciones

2 filetes de atún, de unos 130 g cada uno

1 cucharada de salsa de soja

1 cucharadita de aceite ligero, como el de cacahuete, para freír

PARA SERVIR

1 cucharada de semillas de sésamo, preferiblemente tostadas

1 cucharadita de cebollino picado

Ensalada de hojas picantes

2-3 cucharadas de Salsa picante (*véase* p. 171)

Información nutricional: el atún es rico en omega 3, saludable para el corazón y el cerebro, y las semillas de sésamo contienen mucho magnesio, un mineral importante para un buen nivel de energía y un sistema nervioso sano. Las semillas también son perfectas para las reservas de calcio, hierro, cinc y ácidos grasos esenciales.

1 Ponga los filetes de atún en un plato y rocíelos con la salsa de soja. Deles la vuelta para que se embeban bien de la salsa.

2 Caliente bien una sartén. Eche el aceite, luego fría los filetes de atún durante 1 minuto por cada lado para que queden rosados por dentro.

3 Sirva los filetes espolvoreados con las semillas de sésamo y el cebollino, y acompañado de hojas de ensalada picantes, con la salsa al lado.

- 123 calorías
- 1 g grasas saturadas

Langostinos calientes con falsa mayonesa

Un hermoso montón de langostinos rosados sobre un lecho de hojas de espinaca y rúcula: un plato ligero y fantástico para compartir. Sírvalo en el centro de la mesa para que todos piquen.

2 raciones

100 g de langostinos crudos pelados, con la cola

1 cucharada de aceite ligero, como el de cacahuete, para freír

una buena pizca de sal

2 puñados de hojas de espinaca «baby» y de rúcula

1 tanda de Falsa mayonesa dulce de cítricos (*véase* p. 172)

Cebollino picado, para decorar

1 Lave los langostinos y séquelos bien con un papel de cocina.

2 Caliente bien una sartén o wok, luego eche el aceite. Añada los langostinos y fríalos 2-3 minutos, hasta que tomen color, luego sálelos.

3 Para servir, ponga un montón de hojas en cada plato y disponga los langostinos al lado, espolvoreados con el cebollino. Sirva con un bol de falsa mayonesa, para mojar.

Variante: para una receta vegetariana, utilice tofu frito en lugar de langostinos.

Información nutricional: la espinaca es una buena fuente de luteína, que protege la salud visual.

- 279 calorías
- 2,1 g grasas saturadas

Cóctel de langostinos picante

Langostinos frescos y especiados sobre una ensalada crujiente y sana: un plato sabrosísimo y aun así ligero y saludable.

2 raciones como plato principal

150 g de langostinos cocidos pelados, sin las colas

2 cucharadas de Salsa picante (*véase* p. 171)

2 puñados de hojas para ensalada

2 cucharaditas de aceite de sésamo

ENSALADA DE APIONABO

2 cucharadas de tofu blando

2 cucharadas de miso

1½ cucharaditas de pasta *wasabi*

½ apionabo, rallado

1 cucharada de cebollino y perejil picados

1 Ponga los langostinos en un bol e incorpore la salsa picante. Reserve.

2 Mezcle o triture el tofu con el miso y el *wasabi* para obtener una pasta suave. Ponga el apionabo en un cuenco con el cebollino y el perejil, y agregue la mezcla del tofu.

3 Para servir, aliñe las hojas de ensalada con el aceite de sésamo y ponga unas cuantas en cada plato. Añada una cucharada de ensalada de apionabo y disponga los langostinos encima.

Variante: utilice Falsa mayonesa dulce de cítricos (*véase* p. 172) en lugar de salsa picante.

- 99 calorías
- 2,4 g grasas saturadas

Langostino tigre con ajo y pimiento picante

Esta exquisitez se puede servir directamente de la cazuela y comer los langostinos con los dedos, mojados en una falsa mayonesa estilo japonés con limón, lima y naranja. También se pueden tomar como parte de un sencillo almuerzo veraniego.

2 raciones

1 cucharadita de aceite ligero, como el de cacahuete, para freír

400 g de langostino tigre crudo, sin pelar (unos 2 por persona)

1 diente de ajo, en láminas

1 pimiento rojo picante tailandés, picado

un chorrito de salsa de soja

1 tanda de Falsa mayonesa dulce de cítricos (*véase* p. 172)

trozos de limón, para servir

1 Caliente bien una sartén o wok, luego eche el aceite. Añada los langostinos y fríalos al menos 1 minuto por cada lado, hasta que queden crujientes y algo dorados. Páselos a una fuente.

2 Añada el ajo y el pimiento a la sartén y fríalos unos segundos, hasta que empiecen a dorarse. Devuelva los langostinos a la sartén, agregue un chorrito de salsa de soja y remueva.

3 Sirva acompañado de un bol de mayonesa dulce de cítricos y trozos de limón.

- 274 calorías (17 calorías más con la salsa para mojar)
- 0,9 g grasas saturadas (la salsa para mojar no aporta más grasa)

Tempura de langostinos tigre

Apetitosos langostinos tigre de gran tamaño con un ligerísimo rebozado, deliciosos, especialmente mojados en esta salsa de intenso sabor. Son de preparación rápida y resultan ideales para comer con los dedos en una fiesta. Nótese que el aceite de cocción puede reutilizarse: solo hay que dejarlo templar y colarlo, luego guárdelo en un recipiente hermético.

2 raciones

200 g de langostinos tigre crudos y pelados, con las colas

unos 800 ml de aceite de girasol, para freír

1 tanda de Salsa *ponzu* (*véase* p. 169)

REBOZADO

100 g de harina

25 g de maicena

1 cucharadita de levadura en polvo

½ cucharadita de sal

200-250 ml de agua con gas fría

Variante: para una ocasión especial, pruebe estos langostinos como relleno de unos rollitos de mano (*véase* p. 62). ¡Pero no olvide quitarles la cola antes!

1 Tamice las harinas y la levadura en un bol e incorpore la sal. Agregue el agua y remueva para obtener una pasta suave con la consistencia de una crema ligera. Añada más agua si hace falta.

2 Disponga los langostinos en un plato junto al bol de pasta. Prepare otro plato cubierto con papel de cocina.

3 En una sartén honda o wok, caliente el aceite a 180 °C, o hasta que al echar una cucharadita de pasta a la sartén se fría y empiece a dorarse inmediatamente.

4 Eche los langostinos en el bol de pasta, luego con cuidado húndalos, trozo a trozo, en el aceite caliente. Fríalos durante 1 minuto, hasta que la masa se hinche y se dore. Con pinzas, páselos al plato preparado. Repita hasta cocerlos todos.

5 Sirva el tempura caliente, con la salsa *ponzu* en un bol para mojar.

- 128 calorías
- 0,9 g grasas saturadas

Ensalada de calamar picante

Deliciosa fría o caliente, esta ensalada es ideal como entrante fácil, y puede prepararse con antelación.

4 raciones

2 cucharaditas de aceite ligero, como el de cacahuete, para freír

2 chalotas, troceadas

2 hojas de lima, picadas

1 tallo de caña santa, picado

1 pimiento rojo picante tailandés, picado

200 g de calamarcitos con tentáculos, limpios

zumo de 1 lima

2 cucharadas de cilantro, albahaca y menta picados

100 g de brotes de alubia

2 puñados de hojas para ensalada

1 cucharada de aceite de sésamo

1 tanda de Salsa dulce y picante (*véase* p. 167)

Información nutricional: solo una ración de calamar aporta la cantidad diaria recomendada de selenio, un importante antioxidante.

1 Caliente una sartén, eche el aceite, luego añada las chalotas, hojas de lima, caña santa y pimiento. Fría 2 minutos, hasta que las chalotas empiecen a ablandarse y dorarse.

2 Incorpore el calamar y fríalo a fuego alto un minuto más o menos, hasta que la carne se vuelva blanca: si lo deja más tiempo quedará duro.

3 Vierta por encima el zumo de lima y remueva antes de retirar del fuego.

4 Ponga las hierbas, brotes y hojas de ensalada en una fuente, rocíe con el aceite de sésamo y mezcle.

5 Para servir, ponga un montoncito de ensalada en cada plato, disponga el calamar encima o al lado, y moje cada ración con una cucharada de salsa dulce y picante.

- 247 calorías
- 2,3 g grasas saturadas

Calamar rebozado picante

En itsu, utilizamos harina *karaage* (fécula de patata) para dar al calamar un toque muy crujiente, pero la harina normal mezclada a partes iguales con harina de maíz es un buen sustituto. Añada pimienta *shichimi* a la harina si desea dar al plato un gusto más fuerte.

2 raciones

50 g de harina normal

50 g de harina de maíz

una buena pizca de sal

1 cucharadita de pimienta *shichimi* opcional)

200 g de calamarcitos con tentáculos, limpios y cortados en aros

unos 600 ml de aceite de girasol, para freír

PARA SERVIR

1 pimiento rojo picante, en rodajas

1 tanda de Salsa dulce y picante (*véase* p. 167)

1 Mezcle las harinas en un cuenco y añada la sal y la pimienta *shichimi* (si la usa). Reboce el calamar con la harina.

2 En una sartén honda o wok, caliente el aceite a 180 °C, o hasta que al echar un trozo de calamar enharinado a la sartén, este se fría y empiece a dorarse inmediatamente.

3 Eche con cuidado un puñado de trozos de calamar en el aceite caliente. Fríalos durante 1 minuto —si los deja más tiempo quedarán duros— luego dispóngalos sobre papel de cocina mientras sigue friendo el resto.

4 Para servir, espolvoree por encima el pimiento picante y presente la salsa al lado en un bol, para mojar.

- 117 calorías
- 0,6 g grasas saturadas

Ensalada de vieiras con pimiento picante, cebolleta y ajo

Ideal para una cena rápida o un entrante sofisticado, este plato puede servirse caliente o frío, por lo que puede dejarlo preparado.

2 raciones

2 cucharaditas de aceite ligero, como el de cacahuete, para freír

1 diente de ajo, picado

100 g de vieiras (2 grandes o 3 medianas por persona)

1 pimiento rojo picante tailandés, picado

1 cebolleta grande, troceada

1 cucharada de salsa de soja

2 puñados de rúcula u otras hojas para ensalada de sabor picante

2 puñados de brotes de alubia

1 cucharada de Aderezo tipo *yuzu* (*véase* p. 170)

Información nutricional: las vieiras son fuente de cinc, que mantiene la salud del sistema inmune.

1 Caliente bien una sartén o wok. Eche el aceite, luego fría el ajo unos segundos, hasta que se dore. Pase a un plato, recogiendo todos los trocitos para que ninguno se queme en la sartén.

2 Añada las vieiras a la sartén y fría solo 1-2 minutos por cada lado.

3 Añada el pimiento picante y la cebolleta y deje cocer otro minuto para que se ablanden un poco. Rocíe con la salsa de soja, remueva brevemente y retire del fuego.

4 Mezcle las hojas y los brotes en un cuenco con el aliño. Remueva y reparta en 2 platos. Sirva 2 o 3 vieiras junto a cada montoncito de ensalada, añada cebolleta y pimiento y eche el ajo por encima.

- 300 calorías
- 4,3 g grasas saturadas

Caballa con salsa dulce de *mirin*

La caballa fresca es increíblemente saludable porque es el pescado con mayor contenido de ácidos grasos omega 3. La salsa dulce de esta receta es ideal para acompañar su sabor rico y aceitoso. Plato perfecto para acompañarlo de arroz y Pepino encurtido con jengibre (*véase* p. 93).

2 raciones

2 cucharaditas de sake

2 cucharaditas de *mirin*

1 cucharada de salsa de soja

10 g o 2 cm de raíz fresca de jengibre, rallada

1 cucharadita de aceite ligero para freír

2 filetes de caballa fresca, con piel

1 Mezcle el sake, el *mirin*, la salsa de soja y el jengibre en un cuenco pequeño. Reserve.

2 Caliente una sartén antiadherente, eche el aceite y fría la caballa unos 2 minutos por cada lado, hasta que la piel quede crujiente y la carne se dore un poco. Vierta la salsa en la sartén y apague el fuego. Reducirá un poco e impregnará el pescado.

3 Corte los filetes por la mitad. Sirva sobre un lecho de arroz y pepino encurtido con jengibre, si lo desea.

- 110 calorías
- 0,4 g grasas saturadas

Lubina asada con jengibre y cebolleta

Cocer el pescado al vapor en paquetitos de papel de aluminio hace fácil y limpia esta receta. El resto de ingredientes aromatizan el pescado para aportarle un sabor fragante y delicioso. Sirva con Bolas de espinaca con salsa de sésamo (*véase* p. 94) para convertirla en una cena facilísima.

2 raciones

2 filetes de lubina sin piel, de unos 100 g cada uno

2 cebolletas, troceadas

10 g o 2 cm de raíz fresca de jengibre, en rodajas

2 cucharadas de salsa de soja

pimienta negra

col china u otras verduras al vapor, para servir

1 Precaliente el horno a 200 °C/ventilador 180 °C/gas 6.

2 Corte dos trozos de papel de aluminio de tamaño A4 y disponga un filete de lubina sobre cada uno. Eche por encima la cebolleta, el jengibre y la pimienta, luego envuelva el papel de aluminio y doble los bordes, pero deje un pequeño espacio abierto en la parte superior de cada paquetito. Vierta la salsa de soja por este espacio y luego cierre por completo los paquetitos.

3 Ase al horno 8-10 minutos, y luego desenvuelva con cuidado los paquetitos y pase el pescado a los platos, salseándolos por encima. Sirva con las verduras de su elección.

- 90 calorías (con Salsa dulce y picante), 109 calorías (con Aliño a las hierbas), 129 calorías (con Pesto asiático)
- 0,3 g grasas saturadas (con Salsa dulce y picante), 0,6 g (con Aliño a las hierbas), 1 g (con Pesto asiático)

Rollitos de cangrejo

Cuando se dé cuenta de lo fácil que resulta preparar estos rollitos, podrá jugar con los ingredientes y usar tal vez judías verdes en lugar de espárragos o probar con otros tipos de lechuga y hierbas.

4 raciones

100 g de carne de cangrejo cocida

2 cucharaditas de zumo de limón

10 g de fideos de arroz finos

4 espárragos

4 hojas externas de lechuga Little Gem

1 cucharadita de cebollino picado

2 cucharadas de hojas de cilantro

4 discos de papel de arroz

sal y pimienta negra

salsa para mojar, como Salsa dulce y picante, Aliño a las hierbas o Pesto asiático (*véanse* pp. 166-167)

1 Ponga la carne de cangrejo en un bol, añada el zumo de limón y pimienta negra. Mezcle y reserve.

2 Ponga los fideos en un cuenco grande resistente al calor y cúbralos con agua caliente. Deje en remojo 3 minutos (o según se indique en las instrucciones del envase), luego escúrralos y enfríelos bajo el grifo.

3 Hierva los espárragos en agua con sal durante 3 minutos, luego escúrralos y enfríelos. Córtelos por la mitad a lo largo.

4 Corte los tallos de las hojas de lechuga y pártalas por la mitad.

5 Prepare todos los ingredientes, junto con las hierbas, alrededor de una tabla limpia. Llene el cuenco grande con agua hirviendo.

6 Moje la tabla donde vaya a preparar los rollitos, luego sumerja un disco de papel de arroz en el agua hirviendo, girándolo hasta que se moje por completo. No lo deje demasiado tiempo en el agua —debe conservar cierta firmeza—. Extienda el disco sobre la tabla mojada, intentando que no se arrugue.

7 Disponga una cucharada de carne de cangrejo en una tira sobre el papel de arroz, por encima del centro, dejando 2,5 cm de margen por cada lado. Espolvoree por encima una cuarta parte de las hierbas, luego coloque 2 mitades de hoja de lechuga encima. Añada una capa de fideos cocidos, y acabe con 2 tiras de espárrago.

8 Levante la parte superior del disco, dóblelo de manera que cubra el relleno y meta el borde bajo el mismo. Luego enróllelo hacia usted, metiendo los lados mientras lo hace para que queden sellados. El disco se pega a sí mismo, de modo que al final queda un rollito largo, con los lados sellados. Córtelo por la mitad en diagonal y reserve mientras prepara el resto.

9 Disponga las mitades de rollitos en una fuente con un bol con la salsa para mojar en el medio, o sirva 2 mitades a cada persona y presente la salsa por separado.

- 66 calorías
- 1 g grasas saturadas

Rollitos de langostinos

En itsu, hacemos estos rollitos dos veces al día, no solo porque son fáciles y rápidos, sino para que sepan lo mejor posible. Los finos discos de arroz (que pueden encontrarse en la mayoría de grandes superficies y tiendas de alimentación oriental) tienen un bello aspecto translúcido al mojarse.

4 raciones

4 discos de papel de arroz

½ aguacate, sin hueso y en láminas finas

1 zanahoria, cortada en láminas con un pelador de verduras

¼ de pepino, sin semillas y cortado en tiras

unas hojas de lechuga (Little Gem, romana o iceberg), sin nervios gruesos

50 g de langostinos cocidos pelados

4 cucharadas de Pesto asiático o Aliño a las hierbas (*véase* p. 166)

4 pizcas de pimienta *shichimi* o copos de guindilla

1 tanda de Salsa dulce y picante (*véase* p. 167) u otra salsa para mojar

1. Prepare todos los ingredientes alrededor de una tabla limpia. Llene el cuenco grande con agua hirviendo.
2. Moje la tabla donde vaya a preparar los rollitos, luego sumerja un disco de papel de arroz en el agua hirviendo, girándolo hasta que se moje por completo. No lo deje demasiado tiempo en el agua —debe conservar cierta firmeza—. Extienda el disco sobre la tabla mojada, intentando que no se arrugue.
3. Ponga unas láminas de aguacate sobre el papel de arroz, por encima del centro, dejando 2,5 cm de margen por cada lado. Añada unas tiras de zanahoria y pepino, y unas tiritas rasgadas de lechuga.
4. Ponga una cuarta parte de los langostinos sobre la lechuga. Vierta por encima 1 cucharadita de pesto o aliño y una buena pizca de pimienta *shichimi* o copos de guindilla.
5. Levante la parte superior del disco, dóblelo de manera que cubra el relleno y meta el borde bajo el mismo. Luego enróllelo hacia usted, metiendo los lados mientras lo hace para que queden sellados. El disco se pega a sí mismo, de modo que al final queda un rollito largo, con los lados sellados. Córtelo por la mitad en diagonal y reserve mientras prepara el resto.
6. Sirva 2 mitades a cada persona y presente la salsa dulce y picante por separado, para mojar.

- 87 calorías
- 1,1 g grasas saturadas

Rollitos picantes de atún

El atún fresco es delicioso para preparar estos rollitos, pero un filete de salmón fresquísimo o nuestra mezcla de Atún con salsa especiada (*véase* p. 79) son buenas alternativas. Elija su salsa preferida para acompañarlos.

4 raciones

100 g de atún muy fresco, troceado

4 cucharadas de Salsa picante (*véase* p. 171)

4 hojas externas de lechuga Little Gem, romana o iceberg, sin nervios gruesos

1 zanahoria, cortada en láminas con un pelador de verduras

1 aguacate, sin hueso y en láminas finas

1 cucharadita de cebollino picado

4 discos de papel de arroz

1 tanda de Salsa dulce y picante (*véase* p. 167) u otra salsa para mojar

1. Ponga el atún en un bol y mézclelo con la salsa picante.
2. Prepare el resto de ingredientes alrededor de una tabla limpia. Llene el cuenco grande con agua hirviendo.
3. Moje la tabla donde vaya a preparar los rollitos, luego sumerja un disco de papel de arroz en el agua hirviendo, girándolo hasta que se moje por completo. No lo deje demasiado tiempo en el agua —debe conservar cierta firmeza—. Extienda el disco sobre la tabla mojada, intentando que no se arrugue.
4. Ponga una cuarta parte del atún sobre el papel de arroz, por encima del centro, dejando 2,5 cm de margen por cada lado. Rasgue una hoja de lechuga por la mitad y colóquela sobre el atún. Añada unas tiras de zanahoria y aguacate a modo de nueva capa, y espolvoree con el cebollino.
5. Levante la parte superior del disco, dóblelo de manera que cubra el relleno y meta el borde bajo el mismo. Luego enróllelo hacia usted, metiendo los lados mientras lo hace para que queden sellados. El disco se pega a sí mismo, de modo que al final queda un rollito largo, con los lados sellados. Córtelo por la mitad en diagonal y reserve mientras prepara el resto.
6. Sirva 2 mitades a cada persona y presente la salsa de su elección por separado, para mojar.

ALIÑOS Y SALSAS

- 6 calorías
- trazas de grasas saturadas

Caldo *dashi* casero

El caldo *dashi*, de elaboración simple, es un ingrediente muy importante en la cocina japonesa porque forma la base de la mayoría de sopas. A diferencia de otros caldos, que requieren horas de cocción, este es rápido y fácil de preparar porque solo son necesarios dos ingredientes y agua. El alga *kombu* y las virutas de bonito se encuentran en tiendas de alimentación japonesas (*véase* p. 188). En un recipiente hermético, el caldo *dashi* se conserva en el frigorífico hasta tres días, o se puede congelar.

2 raciones (salen unos 800 ml)

2 láminas grandes de *kombu*

1 litro de agua

30 g de virutas de bonito

1 Limpie las láminas de *kombu* con un trapo húmedo, luego póngalas en una olla con el agua y déjelas ablandar unos 30 minutos.

2 Cuando el *kombu* se ablande, ponga la olla al fuego y lleve casi al punto de ebullición. Retire del fuego y deseche las láminas de alga.

3 Añada las virutas de bonito al agua caliente y déjelas en remojo (apartadas del fuego) 10 minutos.

4 Cuele el líquido a un recipiente limpio, desechando las virutas de bonito.

5 Se puede utilizar el caldo enseguida o conservarlo como se indica más arriba.

- 63 calorías
- 0,8 g grasas saturadas

Pesto asiático

He aquí un condimento de hierbas fresco que aportará sabor a ensaladas y rollitos. También se puede utilizar como alternativa al Aliño a las hierbas (véase derecha). Se conserva hasta una semana en el frigorífico en un tarro con cierre de rosca.

4 raciones

manojo grande de cilantro

unas ramitas de menta

2 cebolletas

1 pimiento rojo picante tailandés, sin semillas

1 cucharada de jengibre encurtido o raíz de jengibre fresca rallada

1 diente de ajo, rallado o picado

2 cucharadas de aceite de sésamo

1 cucharada de salsa de soja

1 cucharada de zumo de limón

1 cucharadita de azúcar o alternativa

½ cucharadita de sal

1 Triture todos los ingredientes juntos hasta obtener una salsa suave salpicada de hierbas. También se pueden picar a mano las hierbas, cebolla, pimiento y jengibre lo más finos posible. Póngalos en un cuenco, añada el resto de ingredientes y mezcle bien.

2 Utilice la salsa enseguida o consérvela en un tarro con tapa de rosca en el frigorífico.

- 43 calorías
- 0,4 g grasas saturadas

Aliño a las hierbas

Este condimento cremoso de vivo color verde puede emplearse para todo tipo de platos, como el Tártaro de salmón y atún (véase p. 131). También es ideal como aliño para ensaladas o salsa para mojar. Se conserva hasta una semana en el frigorífico en un tarro con cierre de rosca.

4 raciones

un manojo grande de cilantro

1 cucharada de tofu blando

2 hojas de lima

1 cucharadita de raíz de jengibre fresca

1 cucharada de azúcar integral o alternativa

1 cucharadita de vinagre de arroz

1 cucharadita de salsa de pescado

1 cucharadita de zumo de lima y de aceite de sésamo

1 Para una consistencia idónea, triture todos los ingredientes hasta conseguir una salsa suave.

2 Utilice la salsa enseguida o consérvela en un tarro de rosca en el frigorífico.

- 48 calorías
- 0,2 g grasas saturadas

Salsa dulce y picante

Esta salsa fresca e intensa para mojar combina con cantidad de platos, como rollitos, calamar picante o minihamburguesas de cerdo. También puede utilizarse como aliño para ensaladas picantes. Se conserva hasta dos semanas en el frigorífico en un tarro con cierre de rosca.

2 raciones

1 cucharada de salsa de pescado

1 cucharada de azúcar de palma, azúcar integral o alternativa

1 cucharada de vinagre de arroz

1 cucharadita de zumo de lima

1 cucharadita de zumo de limón

½ cucharadita de raíz de jengibre fresca rallada

1 pimiento rojo picante tailandés, picado

1 cucharadita de aceite de sésamo

1 Ponga la salsa de pescado en un bol, añada el azúcar y mezcle hasta que se disuelva. Incorpore el resto de ingredientes y remueva de nuevo.

2 Utilice la salsa enseguida o consérvela en un tarro con tapa de rosca en el frigorífico.

- 77 calorías
- 0,8 g grasas saturadas

Salsa nuevo estilo

Sabrosa y de intenso sabor, es un condimento ideal para el salmón con sésamo o la caballa a la plancha. Se conserva hasta dos semanas en el frigorífico en un tarro con cierre de rosca.

2 raciones

1 diente de ajo, rallado o picado

4 cucharadas de salsa de soja

10 g o 2 cm de raíz de jengibre fresca, rallada

1 cucharadita de zumo de limón

2 cucharaditas de *mirin*

1 cucharada de aceite de sésamo

1 Ponga todos los ingredientes en un bol y remueva bien.

2 Utilice la salsa enseguida o consérvela en un tarro con tapa de rosca en el frigorífico.

- 43 calorías
- 0 g grasas saturadas

Aderezo de miso

Un aderezo indicado para ensaladas, verduras e incluso arroz. Utilizamos miso dulce, más pálido y menos salado que otros tipos, pero también puede experimentar con miso rojo (oscuro). Se conserva hasta dos semanas en el frigorífico en un tarro con cierre de rosca.

2 raciones

2 cucharadas de pasta miso
1 cucharada de *mirin*
2 cucharaditas de vinagre de arroz
1 cucharadita de zumo de limón y 1 de agua
pimienta negra

1 Ponga el miso en un bol, añada el *mirin* y mezcle para obtener una pasta suave. Incorpore el resto de ingredientes y remueva bien.

2 Utilice el aliño enseguida o consérvelo en un tarro con tapa de rosca en el frigorífico.

- 121 calorías
- 1,3 g grasas saturadas

Salsa de sésamo

Una de las favoritas de itsu, esta cremosa salsa, de sabor a nuez, se sirve con el brócoli «bimi» o las espinacas al vapor, pero también se puede usar como aderezo para fideos soba, salsa para mojar bastoncitos de verdura crudos, o condimentar atún o pollo a la plancha. Se conserva hasta dos semanas en el frigorífico en un tarro con cierre de rosca.

4 raciones

4 cucharadas de *mirin*
3 cucharadas de tahina
1 cucharada de salsa de soja
3 cucharadas de zumo de limón
1 cucharadita de aceite de sésamo
1 cucharadita de azúcar o alternativa
1 diente de ajo pequeño, rallado o picado
1 cucharada de agua

1 Ponga todos los ingredientes en un bol y remueva bien para obtener una salsa suave.

2 Utilice la salsa enseguida o consérvela en un tarro con tapa de rosca en el frigorífico.

- 86 calorías
- 0 g grasas saturadas

Salsa *teriyaki* con jengibre

Esta gustosísima salsa se puede utilizar de diversas maneras: con pollo, salmón o filete a la plancha; con arroz; o para ensaladas. Dulce y a la vez sabrosa, presenta muchos beneficios. Se conserva hasta dos semanas en el frigorífico en un tarro con cierre de rosca. Si la salsa espesa un poco con el almacenaje, dilúyala con un poco de agua antes de su uso.

2 raciones

3 cucharadas de *mirin*

3 cucharadas de salsa de soja

1 cucharada de azúcar o alternativa

2 cucharaditas de vinagre de arroz

1 cucharadita de maicena

20 g o 4 cm de raíz fresca de jengibre, rallada

1. Ponga todos los ingredientes en una cazuela pequeña y remueva. Lleve a ebullición y deje cocer un par de minutos, sin dejar de remover, para que reduzca y se forme un sirope espeso.
2. Utilice la salsa enseguida o consérvela en un tarro con tapa de rosca en el frigorífico.

Información nutricional: El jengibre contiene potentes componentes antiinflamatorios, desinflama las articulaciones y, además, facilita la digestión.

- 17 calorías
- 0 g grasas saturadas

Salsa *ponzu*

Esta es una fantástica salsa con sabores cítricos y salados, ideal para el tempura o el sashimi. Se conserva hasta dos semanas en el frigorífico en un tarro con cierre de rosca.

2 raciones

4 cucharadas de salsa de soja

4 cucharaditas de *mirin*

3 cucharaditas de zumo de naranja o mandarina

1 cucharadita de zumo de limón o lima

1. Eche todos los ingredientes a la batidora y triture hasta obtener una salsa suave.
2. Utilice la salsa enseguida o consérvela en un tarro con tapa de rosca en el frigorífico.

Variante: si encuentra zumo de *yuzu* embotellado, utilice 4 cucharaditas del mismo en lugar de los otros zumos.

- 90 calorías
- 0 g grasas saturadas

Salsa holandesa de miso

A pesar de no contener mantequilla ni huevos –los principales ingredientes de la salsa holandesa tradicional– esta versión posee toda la cremosidad que uno espera. Sírvala con espárragos a la plancha, o con patatas nuevas u otras verduras de temporada al vapor. Se conserva hasta dos semanas en el frigorífico en un tarro con cierre de rosca.

2 raciones con un plato principal

4 cucharadas de tofu blando
2 cucharaditas de salsa de soja
4 cucharadas de pasta miso
2 cucharaditas de vinagre de arroz
3 cucharaditas de zumo de limón
pimienta negra

1 Eche todos los ingredientes a la batidora y triture hasta obtener una salsa suave.

2 Utilice la salsa enseguida o consérvela en un tarro con tapa de rosca en el frigorífico.

- 35 calorías
- 0,4 g grasas saturadas

Aderezo tipo *yuzu*

Anime sus ensaladas con este aliño son sabor cítrico. La fruta japonesa llamada *yuzu* tiene el aspecto de un pequeño pomelo con protuberancias, y su sabor es ácido pero dulce. Se puede adquirir zumo de *yuzu* en tiendas especializadas en alimentación japonesa (*véase* p. 188), pero la combinación de zumos que sigue representa una alternativa acertada. Se conserva hasta dos semanas en el frigorífico en un tarro con cierre de rosca.

4 raciones

1 cucharada de salsa de soja
1 cucharada de zumo de mandarina o naranja
1 cucharadita de zumo de lima
1 cucharadita de zumo de limón
2 cucharadas de aceite de sésamo u otro aceite ligero
pimienta negra

1 Eche todos los ingredientes en un bol y mezcle bien.

2 Utilice la salsa enseguida o consérvela en un tarro con tapa de rosca en el frigorífico.

Información nutricional: lleno de vitamina C de los zumos de cítricos y sin sal añadida, este aliño es una opción realmente saludable.

- 64 calorías
- 0,7 g grasas saturadas

Salsa picante

En itsu encontrará salsa picante en todas partes donde suele haber mayonesa. Contiene un 74 por ciento menos de grasa que la mayonesa y sabe diez veces mejor. Utilice esta deliciosa salsa con *sashimi* de salmón a la plancha, pollo ahumado, langostinos e incluso *sushi*. Se conserva hasta dos semanas en el frigorífico en un tarro con cierre de rosca. Si la salsa espesa un poco con el almacenaje, dilúyala con un poco de zumo de limón o agua antes de su uso.

6 raciones

120 g de tofu blando

3 cucharaditas de tahina

3 cucharaditas de salsa de pimientos Sriracha o 1 pimiento rojo picante tailandés, picado

2 cucharadas de zumo de limón

3 cucharaditas de azúcar o alternativa

10 g o 2 cm de raíz fresca de jengibre, rallada

2 dientes de ajo, rallados o picados

1½ cucharadita de pimienta negra

½ cucharadita de sal

1 cucharada de agua

1 cucharada de aceite ligero, como el de cacahuete o semillas de uva

1. Eche todos los ingredientes a la batidora y triture hasta obtener una salsa suave.
2. Utilice la salsa enseguida o consérvela en un tarro con tapa de rosca en el frigorífico.

- 122 calorías
- 0,9 g grasas saturadas

Semillas de calabaza tostadas para espolvorear

Estas semillas son un toque final fantástico, salado y crujiente, para *potsus* o ensaladas, y también son un delicioso tentempié saludable. Se conservan hasta dos semanas en la despensa, en un tarro con cierre de rosca.

2 raciones

40 g de semillas de calabaza

2 cucharadas de salsa de soja

1. Caliente una sartén. Cuando esté lista, eche las semillas y tuéstelas 1 minuto, removiendo de vez en cuando, hasta que empiecen a abrirse y dorarse.
2. Apague el fuego y eche la salsa de soja, que hervirá y luego se asentará.
3. Rasque al verter la mezcla en un bol y tómela bien caliente, o bien déjela templar y guárdela en un tarro con cierre de rosca hasta su uso.

- 44 calorías
- 1,3 g grasas saturadas

Aliño de chalotas

Chalotas dulces, caramelizadas, con un toque picante de *wasabi*: un aliño delicioso para ensaladas y perfecto para pollo o filete a la parrilla. Se conserva hasta dos semanas en el frigorífico, en un tarro con cierre de rosca.

4 raciones

1 cucharada de aceite ligero, como el de cacahuete, para freír

2-3 chalotas pequeñas, picadas (puede hacerlo con la trituradora de brazo)

1 cucharada de agua

2 cucharaditas de azúcar o alternativa

3 cucharadas de salsa de soja

2 cucharadas de vinagre de vino de arroz

10 g o 2 cm de raíz fresca de jengibre, rallada

1 cucharadita de pimienta negra

½ cucharadita de *wasabi* en polvo o 1 cucharadita de pasta de *wasabi*

1 cucharada de aceite de sésamo

1 Caliente el aceite en una cazuela pequeña. Añada las chalotas, el agua y el azúcar, tape y deje cocer 10 minutos a fuego lento.

2 Mientras, mezcle el resto de ingredientes, excepto el aceite de sésamo, en un bol.

3 Cuando las chalotas estén tiernas, dulces y algo doradas, añádalas a la mezcla de soja. Vierta el aceite de sésamo y remueva bien.

4 Utilice la salsa enseguida o consérvela en un tarro con tapa de rosca en el frigorífico.

- 43 calorías
- 0,5 g grasas saturadas

Falsa mayonesa dulce de cítricos

En itsu, nunca utilizamos mayonesa. Una vez haya probado esta alternativa, ¡usted tampoco lo hará! No solo es deliciosa para mojar langostinos o tempura rebozados, sino que además es ideal como aliño para ensaladas. Se conserva hasta dos semanas en el frigorífico, en un tarro con cierre de rosca.

4 raciones

4 cucharadas de tofu blando

1 cucharada de aceite de sésamo

1 cucharada de zumo de mandarina o naranja

1 cucharadita de zumo de limón

1 cucharadita de zumo de lima

1 cucharadita de salsa de soja

½ cucharadita de pasta *wasabi*

1 chalota pequeña, rallada o picada

1 cucharada de jengibre encurtido, picado

1 Para conseguir la textura idónea, triture todos los ingredientes en la batidora.

2 Utilice la salsa enseguida o consérvela en un tarro con tapa de rosca en el frigorífico.

- 56 calorías
- 2,4 g grasas saturadas

Salsa *ithai*

Tras años de modificaciones, hemos creado una salsa tailandesa singular y deliciosa con el equilibrio perfecto de sabores. Nos sentimos muy orgullosos de ello, y su lugar como clásico en itsu está asegurado. Utilícela en *potsus*, como aliño para verduras al vapor, o sobre arroz blanco o integral. Se conserva hasta una semana en el frigorífico, en un tarro con cierre de rosca.

4 raciones

4 cucharadas de leche de coco

1 cucharadita de *passata* (salsa de tomate)

4-6 hojas de lima, picadas

½ tallo de caña santa, picado

10 g o 2 cm de raíz de jengibre fresca, rallada

1 diente de ajo, rallado o picado

1 chalota, picada

2 cucharaditas de comino en polvo

2 cucharaditas de zumo de limón

1 cucharadita de salsa de pescado

1 cucharadita de salsa de soja

1 cucharadita de pimiento picante picado o ½ pimiento rojo picante tailandés, picado

1 cucharadita de azúcar o alternativa

1 cucharadita de pasta de tamarindo

1 cucharadita de maicena

½ cucharadita de sal

160 ml de agua

1 cucharada de hojas de cilantro, picadas

1 Ponga todos los ingredientes, excepto el agua y el cilantro, en la batidora y triture hasta obtener una salsa suave. Si no, también puede picar a mano los ingredientes lo más finos posible y mezclarlos en un bol.

2 Ponga la salsa en una cazuela pequeña y añada el agua. Lleve a ebullición, poco a poco y removiendo, luego baje el fuego y deje cocer 5 minutos.

3 Utilice la salsa enseguida, añadiendo el cilantro para servir, o consérvela en un tarro con tapa de rosca en el frigorífico.

POSTRES Y BEBIDAS

- 121 calorías
- 0,1 g grasas saturadas

Cinco frutas hawaianas

Esta es nuestra macedonia preferida. Si se tapa, se conserva en el frigorífico varias horas; en un recipiente de plástico, es un tentempié saludable ideal para llevar a cualquier parte o como postre de un picnic.

4 raciones

½ mango mediano, unos 150 g

½ melón mediano, unos 300 g

½ piña, unos 300 g

150 g de arándanos

150 g de semillas de granada

raspadura y zumo de ½ limón

raspadura y zumo de ½ lima

1 cucharada de miel clara o alternativa para azucarar

1 Pele el mango, el melón y la piña, y deseche las semillas del melón. Corte la pulpa en trozos de tamaño bocado y mézclelos en un cuenco con los arándanos y la granada.

2 Mezcle el zumo de limón y lima en un cuenco pequeño, luego añada la miel y remueva hasta que se disuelva.

3 Vierta la mezcla de la miel sobre la fruta y remueva.

Información nutricional: las frutas de colores vivos son antioxidantes: la granada y los arándanos regulan la tensión arterial.

- 221 calorías
- 5,4 g grasas saturadas

Yogur al chocolate blanco con fruta

Un postre cremoso y rico, de sabor decadente pero ligero como una pluma. Repleto de nutritivos frutos, es un capricho de lo más saludable.

2 raciones

50 g de chocolate blanco, en trozos pequeños, o pepitas de chocolate blanco

250 g de yogur natural desnatado

1 cucharadita de extracto de vainilla

150 g de mezcla de arándanos, frambuesas y moras frescos, o las bayas que le apetezcan

1 Ponga el chocolate en un bol resistente al calor y derrítalo en el microondas 1 minuto a potencia alta. También puede fundirlo al baño maría.

2 Mezcle el yogur con el extracto de vainilla y vaya incorporando la mezcla al chocolate fundido, mezcle bien para obtener una consistencia suave.

3 Sirva la mezcla a cucharones en tazones o cuencos y eche las bayas por encima.

- 278 calorías
- 0,4 g grasas saturadas

Plátanos asados con natillas no lácteas

Plátanos dulces asados recubiertos con una salsa cremosa de caramelo elaborada con tofu blando sin leche. ¿Qué podría ser más tentador?

2 raciones

2 plátanos muy maduros, con piel

raspadura y zumo de ½ naranja

1 cucharada de azúcar integral o alternativa

100 g de tofu blando

50 g de azúcar o alternativa

Información nutricional: el plátano es rico en potasio, vitamina B y magnesio: todos, esenciales para una buena salud.

1 Precaliente el horno a 220 °C/ventilador 200 °C/gas 7.

2 Corte los plátanos por la mitad a lo largo y colóquelos en una fuente para el horno. Espolvoree con la raspadura y zumo de naranja y con el azúcar integral. Áselos 20 minutos.

3 Mientras, ponga el tofu en un bol y bátalo para obtener una pasta suave.

4 Ponga el resto del azúcar en un cazo con 2 cucharadas de agua, lleve a ebullición y siga hirviendo hasta que empiece a dorarse y caramelizar. Incorpore al tofu y bata para mezclarlo.

5 Sirva los plátanos calientes, con el caramelo de tofu al lado.

- 232 calories
- 8,3 g grasas saturadas

Mousse clásica de chocolate

Busque unos vasitos o tacitas del tamaño adecuado para servir las raciones: cuando se trata de postres suculentos es mejor usar recipientes pequeños. Un toque de jengibre aporta a este capricho dulce un sutil sabor inesperado.

4 raciones

100 g de chocolate negro de calidad, con un mínimo del 70 por ciento de cacao, troceado

2 cucharaditas de *mirin*

1 cucharada de jarabe de azúcar invertido

6 huevos camperos

40 g o 8 cm de raíz fresca de jengibre, rallada

1 Ponga el chocolate, *mirin* y jarabe de azúcar en un cuenco resistente al calor y derrítalos en el microondas durante 1 min a potencia alta. También puede hacerlo al baño maría.

2 Mientras, separe los huevos: reserve las claras en un cuenco limpio y sin grasa, y las yemas en otro.

3 Ponga un colador sobre el cuenco de las yemas. Presione el jengibre rallado en el mismo para obtener su jugo (debería conseguir alrededor de una cucharadita). Mezcle el jugo con las yemas junto con una cucharada de agua.

4 Cuando el chocolate esté fundido, viértalo lentamente en la mezcla de las yemas, removiendo constantemente hasta obtener una crema suave.

5 Bata las claras hasta que formen picos, procure no batirlas demasiado, o la mousse será demasiado dura. Cuando estén listas, con suavidad pero con insistencia intégrelas en la mezcla del chocolate hasta que queden absorbidas.

6 Sirva la *mousse* en cuencos pequeños, flaneras o cazuelitas individuales y métalos en el congelador 20 minutos para que se enfríen o páselos al frigorífico si no va a consumirlos enseguida.

Información nutricional: el chocolate negro de calidad contiene antocianinas, que regulan la circulación, y es una fuente rica en magnesio, que sube el nivel de energía.

- 168 calorías
- 1,9 g grasas saturadas

Yogur helado de bayas variadas

En itsu utilizamos las saludables semillas de granada, arándanos y fresas para nuestro yogur helado porque contienen todas las vitaminas necesarias para una vida sana. ¿Por qué no doblar la cantidad de la receta y congelar el resto para otro día?

2 raciones

2 cucharadas de miel, o alternativa para azucarar

200 g de yogur natural (del tipo que prefiera)

200 g de bayas congeladas variadas

1 Enfríe 2 boles pequeños en el congelador.

2 Triture la miel y el yogur en la batidora. Incorpore las bayas y triture de nuevo.

3 Pase la mezcla a los boles fríos y sirva enseguida.

Variante: utilice cualquier fruta congelada que le guste; pero acuérdese de congelarla en trocitos pequeños para poder triturarla bien.

Información nutricional: además de una buena fuente de vitamina C, las bayas son ricas en antocianinas, que mantienen la piel firme y las arterias flexibles, y son buenas para la memoria.

- 99 calorías
- 1,7 g grasas saturadas

Batido helado de té verde

Prepare este refrescante y energético batido para desayunar o lléveselo para disfrutar de un tentempié bajo en calorías a lo largo del día. Lleva *matcha*, hojas de té verde molidas.

2 raciones

un puñado de cubitos de hielo

200 g de yogur natural (del tipo que prefiera)

1 cucharada de miel o alternativa para azucarar

1 cucharadita de *matcha*

1 Ponga los ingredientes en la batidora y tritúrelos juntos hasta obtener una crema suave.

2 Vierta el batido en vasos largos y sirva mientras aún esté helado.

Información nutricional: el yogur es rico en calcio, para los huesos, y el té verde es famoso por sus propiedades antioxidantes, y se cree que protege contra enfermedades cardíacas.

- 148 calorías
- sin grasas saturadas

Macedonia de granada, piña y menta con almíbar de lima

Las semillas de granada no solo resultan atractivas por su aspecto y por su sabor, sino que además contienen potentes antioxidantes. Aquí se combinan con el dulzor de la piña y el frescor de la menta para formar una macedonia simple pero buenísima.

2 raciones

300 g de piña

Semillas de ½ granada (unos 100 g)

Unas hojas de menta

30 g de azúcar o alternativa

2 cucharadas de agua

Zumo y raspadura de 1 lima

1 Pele la piña y córtela en trocitos. Páselos a un cuenco pequeño y eche las semillas de granada y la menta por encima.

2 Ponga el azúcar y el agua en un cacito y lleve a ebullición. Siga hirviéndolo 2 minutos para que se forme un almíbar. Retire del fuego e incorpore el zumo y raspadura de lima.

3 Vierta el almíbar caliente sobre la fruta y tómela enseguida, o tape y refrigere hasta su consumo.

» • 270 calorías
• 2,1 g grasas saturadas

Sorbete rápido de sandía y lima

He aquí un sorbete facilísimo. Si congela la sandía por la mañana, puede prepararlo por la noche y disfrutarlo como postre caprichoso y ligero.

4 raciones

½ sandía pequeña (unos 700 g)

3 cucharadas de azúcar o alternativa

4 cucharadas de zumo de lima

1 Pele la sandía y córtela en trocitos (puede dejar las semillas). Guárdelo en un recipiente y congélelo toda la noche, o al menos 4 horas.

2 Ponga la sandía congelada en una trituradora grande, agregue el azúcar y el zumo de lima y triture hasta obtener la consistencia de un sorbete. Sirva enseguida.

Información nutricional: la sandía contiene los mismos antioxidantes que se hallan en el tomate. Contribuye a la salud cardíaca y es ideal para consumir al sol porque ofrece protección UV natural.

- 56 calorías
- sin grasas saturadas

Zumo depurativo

No necesita una licuadora para preparar este saludable zumo, que contiene una mezcla de especias que ayudarán a depurar su organismo. Se conserva tres días en el frigorífico.

4 raciones

150 ml de zumo de remolacha (disponible en la mayoría de supermercados)

400 ml de zumo de manzana

zumo de ½ limón

una pizca de clavos molidos

¼ cucharadita de canela en polvo

¼ cucharadita de cúrcuma en polvo

250 ml de agua

Información nutricional: se cree que la remolacha reduce la presión arterial y repara la musculatura tras el ejercicio físico, y la cúrcuma posee propiedades antiinflamatorias.

1 Vierta todos los ingredientes en un recipiente con tapa y agite bien.

2 Sirva frío, o lléveselo para disfrutar de un trago de salud donde vaya.

- 51 calorías
- sin grasas saturadas

Zumo de jengibre y melón

Prepare esta deliciosa mezcla en la batidora y disfrute de un zumo saludable para desayunar. Si lo desea, puede conservar una parte en un recipiente hermético en el frigorífico durante dos días.

4 raciones

300 g de trozos de melón

300 ml de zumo de manzana

10 g o 2 cm de raíz fresca de jengibre, rallada

zumo de 1 lima

150 ml de agua

1 Triture todos los ingredientes en la batidora hasta obtener un zumo suave. Refrigere el zumo o sírvalo con cubitos de hielo en forma de bebida refrescante instantánea.

Información nutricional: el jengibre es antiinflamatorio: un calmante ideal para el estómago.

- 20 calorías
- sin grasas saturadas

i-té helado

Una bebida refrescante para un día caluroso de verano, con una base de té verde, ideal para potenciar la acción del metabolismo.

4 raciones

4 bolsitas de té verde

20 g o 4 cm de raíz fresca de jengibre, en láminas

4-6 ramitas de menta

1 cucharada de miel o alternativa para azucarar

zumo de 1 limón

800 ml de agua hirviendo

2 puñados de cubitos

PARA SERVIR

cubitos

rodajas de limón

hojas de menta

1 Ponga las bolsitas de té, el jengibre, la menta y el zumo de limón en un cuenco grande, vierta el agua hirviendo y deje reposar 5 minutos.

2 Retire las bolsitas de té, luego añada los cubitos de hielo. Deje enfriar en el frigorífico o el congelador.

3 Antes de servir, cuele el líquido a una jarra limpia y sirva con cubitos, rodajas de limón y hojas de menta.

Izquierda: Té helado
Derecha: Zumo de jengibre y melón
Detrás: Zumo depurativo

Tiendas

Todos los ingredientes de las recetas del presente libro son fáciles de encontrar. Muchos están a la venta en los principales supermercados, y los ingredientes más especializados se encuentran por internet o en tiendas de alimentación japonesa o asiática. A continuación se ofrece una pequeña lista con algunas tiendas en línea que disponen de productos de alimentación oriental. Para comprar el pescado para sashimi, busque una pescadería de máxima confianza.

TIENDAS EN LÍNEA

Amazon.es
Amazon ofrece una amplia variedad de productos de alimentación orientales de diversas marcas.

Ecoalgrano.com
Tienda en línea de productos de alimentación ecológica, macrobiótica, sin gluten, etcétera.

Extremooriente.com
En este sitio web se pueden comprar productos de alimentación de origen chino, vietnamita, japonés, filipino, tailandés y coreano. Su tienda física, Dong Fang, en Barcelona tiene más de 30 años de antiguedad.

Iberochina.com
Tienda en línea de productos de primera calidad procedentes de 14 países asiáticos. Son proveedores oficiales de Casa Asia en Madrid.

Mitoku.com
El sitio web de este fabricante de alimentos japoneses no vende al público, pero ofrece información útil acerca de los alimentos de este país.

Mountfuji.co.uk
Sitio web donde se pueden adquirir una pequeña selección de artículos de alimentación japoneses (arroz, miso, algas, fideos, salsas, etcétera).

Natursoy.com
Natursoy distribuye en tiendas especializadas (alimentación ecológica, herboristerías, dietética). También puede encontrar sus productos en las secciones de productos biológicos de supermercados e hipermercados.

Planetahuerto.es
Esta empresa ofrece una selección de productos para llevar un estilo de vida más saludable. En su catálogo de alimentación tradicional japonesa se pueden encontrar productos de la marca Clearspring, entre otras.

Tokyo-ya.es
Alta gastronomía japonesa pionera en España, desde 1981. Su web posee un catálogo muy extenso de productos japoneses con una detallada ficha descriptiva y bellas fotografías. Tienen tienda física en Madrid y Barcelona.

Ulabox.com
Compra por internet de productos de alimentación orientales de la marca Yutaka, entre otras.

Índice alfabético